音乐剧

古典

音乐剧

爵士

跨界

古典

目 录

C O N T E N T S

流行

首歌都裹挟着审美信息，从中我们可以感觉到DJ自身的意识素养。单单一两档节目你可能很难觉察，但是一年两年、十年二十年，就必定串联起口碑效应。张明一直活跃于主持一线，甚至一度分别在三大音乐频率动感101、Love Radio 103.7、经典947以及故事频率同步主持固定节目，这可能是迄今沪上广播第一人，这就是张明具有的跨界功力。同时，他主持的节目也打破了音乐广播的某种"约定俗成"的框框，而体现了时代的交融文化性。这也是张明的个人魅力，从某种程度上说就是IP，这也是为什么这些年无论流行、古典、爵士、音乐剧等活动都邀请他现场主持的缘由。上海的音乐广播不需要趋炎附势，更需要自信与引领。

二十世纪九十年代初，张明刚步入广播界时，卡带收录机在上海还未普及，腰带上佩戴Walkman的大学生更是弹眼落睛，那时电台调频可以听到迈克尔·杰克逊、山口百惠、张国荣和三大国际轻音乐团。如今音乐广播节目大多数的曲目播放都是电脑排单，而内容的出口则是融媒体方向，音乐DJ们又将会是怎样的穿梭？

从当年的北京东路2号到虹桥路1376号，这十几公里路程，一批人走散了，一批人聚集了。广播还在。

感谢张明，让生活在这座城市的普通人，能与他在音乐节目中邂逅，分享生活中的欢乐与忧伤。如果他当初不是坚持热爱着广播，而是选择了另外的职业方向，那么我们中的一些人的生活桥段会不会有所改变？我感觉这是令人着迷的想象。化染开来，你我其实都有了关联：如果我们不曾在电台听过同一首歌，我们又会是怎样的呢？

诗人北岛曾吟诵：回声中开放的，是时间的玫瑰。

徐冰（资深音乐媒体人）

序　言

如果我们不曾在电台听过同一首歌

　　能够赢得社会美誉度的主持人，在其相应的时空里往往会呈现三种品行：价值观、审美力和个人风格。

　　音乐广播主持人也同样，只是比较侧重于通过审美情趣以及个人魅力，润物细无声地感化着人们的心情。

　　张明先生是上海音乐广播史上拥有重要席位的DJ，在差不多三十年的时光里，陪伴着这个城市的光影流变，影响着几代广播听友的美好记忆。这本图书的出版，不仅见证了他的音乐广播历程，也是上海音乐广播的峰值体验之点射，乃至当代中国音乐广播史的一个样本。

　　坐标上海，如何体察城市格局的张扬与生活气脉的流变，可以是影像的，也可以是文字的、表演的、建筑的或者美食的等等各个形态，张明的这本书从音乐和音乐人的体系给予了生动的展示。这一百二十位被采访者，象征着改革开放四十多年来投射在文化上的景象，其中的每一位音乐人都携带着时代的讯息和立证，每一段都弥足珍贵。在这四十多年中，我们的社会发生了怎样的剧变啊！最近三十年，张明就是这个伟大进程的参与者，他节目中的内容转化到了本书的字里行间，成为上海这座城市包容海纳的一分子。所以从这个层面上来说，张明和这本书已经超越了音乐以及音乐广播的范畴，而具有社会历史文化的价值了。

　　我们热爱的这座城市是具有尊严和品相的。细微到一名音乐DJ，推介播放的每一

原韵,礼俗犹留三代前。"①

　　由于客家方言与粤语不同,不少清代南方编纂的志书已设"方言"栏目专门加以记述,如温仲和所纂《嘉应州志》卷七即有《方言》之目。该志除说嘉应、潮州、惠州所属十数县土音皆可通之外,还明确指出其特点:"嘉应之话,多隋唐以前古音。"②在此之前,宋人陈一新《瞻学田碑》也曾谈到赣闽粤交界地区客家语言其"风声气息颇类中州",罗香林先生在《客家研究导论》曾加以引用。客家方言与河洛文化关系之密,由此可见。

---

① 黄遵宪著　钱仲联笺《人境庐诗草笺注》,(上海)古典文学出版社,1957 年 9 月,第 289 页。
② 温仲和《嘉应州志》清刻本已收入《广东历代方志集成》潮州府部(三六),岭南美术出版社,2006年。

流行

2007年6月25日，主持克里斯蒂娜·阿格莱拉"返璞归真"上海演唱会记者会，摄影：管一明

克里斯蒂娜·阿格莱拉（Christina Aguilera）

出生于纽约的歌手克里斯蒂娜·阿格莱拉一度以她不同凡响的四个八度音域和六座格莱美奖在女歌手阵营中成为佼佼者。其极富个人特色的作品和多变的表演风格被很多乐迷冠以"流行大众偶像"（Pop Icon）和"流行公主"（Pop Princess）的称号。

克里斯蒂娜自和RCA唱片公司签约后，凭借首张同名专辑就一鸣惊人。除了厚实和充满韧性的嗓音之外，其能歌善舞和创作的才华，让她很快就拿到了格莱美"年度最佳新人"称号。从《瓶中精灵》、《一个女孩想要的》（What A Girl Wants）到《心湖倒影》（Reflection），克里斯蒂娜靠着出色的发挥，不仅在销售榜上佳绩连连，而且展示了她异常出色的歌喉。

2001年，她和其他几位重量级歌手携手齐唱《糖果酱女郎》。这首激情四射、不失沉稳的单曲为她们赢得了一座格莱美奖。2011年，她应邀以高达一亿三千万美元的酬劳成了电视选秀节目《美国好声音》（The Voice）的评委。同一年，她与"魔力红"合作的歌曲《贾格尔舞步》（Moves Like Jagger）红遍了全球，单曲销量超过七千五百万。

虽然进入2012年之后，克里斯蒂娜在音乐作品上没有了先前的热度，但是她依然非常刻苦，始终保持一到两年有新作发行的速度。2014年，她和"一个伟大世界"乐队（A Great Big World）合作灌录了《说点什么》（Say Someting），这张唱片让她再度问鼎格莱美。

成名作品：《瓶中精灵》（Genie In a Bottle）

这是克里斯蒂娜1999年首张专辑中的主打单曲，属于"青少年流行"（Teen Pop）风格的跳舞歌曲，其中还融合了歌手擅长的节奏与布鲁斯（R&B）元素。歌曲的主题就是"自尊和自爱"。该作品1999年6月22日一经推出，就火速在美国《公告牌》杂志单曲榜登顶，并以一百四十万的销量获得白金唱片认证。

张明独家推荐

《糖果酱女郎》（Lady Marmalade）

这首歌曲翻唱自1974年美国女子组合"拉贝儿"（Labelle），也是电影《红磨坊》中的插曲，由克里斯蒂娜联合玛雅（Mya）、"红粉佳人"（Pink）以及里奥·金（Lil'Kim）共同演唱。同原作相比，翻唱版嘻哈成分更浓，而且歌词有了较大改动，叙事场景也由原来的新奥尔良变为巴黎夜总会。四位成员虽然来自不同领域，但配合默契，唱功更是炉火纯青。

《美丽》（Beautiful）

这是克里斯蒂娜第四张个人专辑《裸》（Stripped）中的一首歌曲，属于典型的流行节奏布鲁斯抒情佳作。该曲由美国著名女唱作人琳达·佩瑞（Linda Perry）亲自担任制作，讲述了存在于内心的美好境界和自我欣赏。这首为克里斯蒂娜赢得格莱美"最佳流行女歌手"奖的作品可以说最大程度地展现了巅峰时期的克里斯蒂娜无与伦比的唱功。

1995年3月，与电台编辑宋建平和"空气补给"乐队合影

"空气补给"乐队（Air Supply）

　　"空气补给"乐队是一支组建于1975年的澳洲组合，主要成员分别是来自英国的吉他手兼歌手格雷厄姆·拉塞尔（Graham Russell）以及澳大利亚的主音歌手拉塞尔·希区柯克（Russell Hitchcock）。两位核心人物最初因为韦伯的音乐剧《万世巨星》（Jesus Christ Superstar）结识，后来连同好友组成了一支五人组合。

　　1978年，乐队固定了两人编制，并以一系列畅销抒情金曲走红欧美歌坛。进军美国市场的首张专辑《迷失爱中》里的三首歌曲先后进入单曲榜前五名，全美销量达三百万。

　　空气补给乐队的抒情摇滚风格历来受到亚洲乐迷的青睐，他们的名曲《失落的爱》和《让爱一切成空》曾被华语歌坛的谭咏麟、林志炫等人翻唱。2013年，该组合还被澳洲唱片工业协会纳入名人堂。

　　自1995年3月起，"空气补给"乐队曾多次来中国举办巡回演唱会，受到乐迷的热烈响应。

成名作品 :《迷失在爱中》(*Lost in Love*)

这是"空气补给"乐队灌录于1980年的抒情摇滚单曲,由乐队成员格雷厄姆·拉塞尔创作。此曲原来的版本收录在1979年的专辑《生活支撑》(*Life Support*)中,一年之后,乐队重新灌录此曲在美国发行后大受欢迎,这也成为他们建立全球知名度的代表作品。

—— **张明独家推荐** ——

《失落的爱》(*All out of Love*)

此歌曾被香港知名歌手谭咏麟翻唱,取名为《小风波》。这也是他们1980年录制的第五张录音室专辑《迷失在爱中》中的畅销单曲。

《让爱一切成空》(*Making Love out of Nothing at All*)

此歌发行于1983年6月,是一首追求音色的歌曲,收录在乐队1983年推出的一张精选专辑中,曾连续三周名列《公告牌》杂志单曲榜亚军位置。它的曲调最初来自1980年罗伯特·柯恩(Rob Cohen)执导的一部电影《一个小的朋友圈》(*A Small Circle of Friends*)的主题曲,由于当时录制工作人员的临时变动,歌曲最终呈现出的风格与"空气补给"乐队先前的作品稍有差别。

1995年3月,采访"空气补给"乐队,摄影:宋建平

2020年1月16日，在上海 Blue Note 采访"四合一"组合，摄影：邹哲群

"四合一"组合（All-4-One）

以畅销单曲《我发誓》以及《我能那样爱你》被广大乐迷所熟悉的"四合一"演唱组是崛起于美国加州的一支当代节奏与布鲁斯组合。他们的成员从1993年组建至今从没有发生过改变，四位成员分别是杰米·琼斯（Jamie Jones）、迪里斯·肯尼迪（Delious Kennedy）、阿尔弗雷德·内瓦雷斯（Alfred Nevarez）以及托尼·布罗威亚克（Tony Borowiak）。

1995年，他们凭借首张专辑收录的这首《我发誓》荣获格莱美"年度最佳组合奖"，并连续十一周夺得排行冠军，成绩远胜于这首作品的原唱、乡村歌手约翰·迈克尔·蒙哥马利（John Michael Montgomery）。在此之前，他们翻唱的另一首歌曲《多么相爱》同样展现了他们超凡默契的合声才华。

1999年，就在该组合推出《接连不断》（On and On）之后，因为他们所在的独立厂牌与主流发行厂牌发生了摩擦，"四合一"的歌唱事业暂时处于停滞状态。直到2001年，他们的专辑《A41》由 AMC 唱片公司推出，他们才算重回人们的视线。鉴于整个2000年代"四合一"几乎只在亚洲活动，因此2004年他们发行的专辑《分裂人格》（Split Personality）也仅在亚洲发行。2009年，该组合几乎是在"自家院内"（即成员杰米自己的制作公司）完成了《没有后悔》（No Regrets），专辑中的单曲《我的孩子》（*My Child*）反响不错。

成名作品：《多么相爱》（*So Much in Love*）

这是老牌灵魂乐组合"泰姆斯弟兄"（The Tymes）在1963年获得美国《公告牌》杂志单曲榜冠军的一首热门歌曲，曾被不少艺人重新翻唱，其中包括"老鹰"乐队的成员提摩西·施密特（Timothy B. Schmit）和阿特·加芬克尔（Art Garfunkel）的版本。但论排行榜成绩表现，"四合一"以高超的阿卡贝拉重新演绎的版本无疑是最出色的，他们曾凭借这首歌曲打进《公告牌》单曲榜前五名，并以六十万张的成绩获得唱片工业协会颁发的金唱片奖。

张明独家推荐

《我发誓》（*I Swear*）

这是中国乐迷最为熟悉的一首"四合一"组合的单曲，它翻唱自1993年美国乡村艺人约翰·迈克尔·蒙哥马利的同名歌曲，经公司推荐，由大牌制作人大卫·福斯特担纲制作。恋恋真情配以抒情浪漫的R&B旋律，加上"四合一"美妙至极的多声部重唱，这绝对是一首百听不厌的传世情歌。

《我能那样爱你》（*I Can Love You Like That*）

据"四合一"证实，这首作品虽然晚于乡村歌手蒙哥马利推出，其实录制的时间是早于前者的，不存在"翻唱"一说。整首歌曲旋律流畅，"四合一"组合依然以他们极为擅长的流行R&B曲式和绝妙的和声演绎取胜。

时隔十六年，与"四合一"组合成员迪里斯重逢，摄影：邹哲群

2004年9月22日，"后街男孩"组合首次访问中国大陆

"后街男孩"组合（Backstreet Boys）

组建于1993年美国佛罗里达州奥兰多市区的"后街男孩"由五位阳光男孩组合而成，其中包括温柔的布莱恩（Brian Littrell）、阳光的尼克（Nick Carter）、浪漫的浩易（Howie Dorough）、狂野的AJ（AJ McLean）以及性感的凯文（Kevin Richardson）。

作为席卷二十世纪九十年代中期至二十一世纪初期的"男孩偶像团队风潮"中的佼佼者，他们除了唱片总销量超过一亿以外，还曾多次来中国巡演，并引发了大规模的追星热潮。

尽管来自美国，但是"后街男孩"的成名之路却是从欧洲开始的。自《我永不让你的心破碎》在德国大受欢迎之后，他们于1997年尝试返回本土发展。1999年5月，"后街男孩"凭借着他们的专辑《千禧情》（Millennium）登上职业生涯的巅峰。这张专辑占据了包括美国在内的二十八个国家的专辑榜冠军，全球两千四百万的销量更是使该专辑成为一年内销售速度最快的唱片。

2000年11月，"后街男孩"带着他们的《蓝与黑》（Black & Blue）专辑在一百小时内跑遍了包括瑞典、日本、澳大利亚、南非、巴西、美国在内地的多个国家，行程达两万六千英里。从2001年开始，为了进一步修整，该组合进入了停滞期。直到五年之后，他们才以单曲《未完成》（*Incomplete*）重新进入人们的视线。

2006年，组合成员凯文为求个人发展离开组合，但于2012年再度回归。在纪念组合成军二十周年之际，"后街男孩"由独立厂牌发行他们的专辑。不过随着人们对流行热点的追逐以及兴趣的改变，当年的热度已不复存在。尽管如此，"后街男孩"还是没有气馁，他们默默耕耘，终于在2019年依靠全新专辑《DNA》重新登上事业高峰，而与新专辑同名的世界巡演将于2022年6月重新开启。

成名作品：《我永不让你的心破碎》（*I'll Never Break Your Heart*）

尽管此歌并非"后街男孩"的首支单曲，却是第一首中国乐迷熟知的作品，当时作为首张同名专辑中的第二首单曲发表。由于在这首歌的录制期间，布莱恩和AJ遭遇流感，单曲花了两个多星期才录制完成，它也由此成为"后街男孩"音乐生涯中录制费时最长的作品。鉴于二十世纪九十年代中期，R&B在美国主流市场大行其道，因此"后街男孩"的这首作品也带有非常浓重的流行R&B色彩。

▰▰▰ ***张明独家推荐*** *▰▰▰▰▰▰▰▰▰▰▰▰*

《我想要的那种方式》（*I Want It That Way*）

1999年4月12日正式推出的这首单曲出自"后街男孩"最为成功的专辑《千禧情》。当今流行乐坛的超级制作大咖麦克斯·马汀（Max Martin）不仅参与了创作，而且亲自担任制作，这首歌作为"后街男孩"最具代表性的歌曲，曾荣获三项格莱美提名，并连续八周荣登《公告牌》杂志单曲榜的前六名。从曲风上来讲，这首抒情歌曲似乎在表明"后街男孩"渐渐由青少年追求的流行舞曲开始转向成人流行曲风了。

《假如你还爱我》（*As Long as You Love Me*）

这是"后街男孩"首张专辑中的第二波主打单曲，也是经时任美国唱片公司Zomba主席一职的克莱夫·卡尔德（Clive Calder）特别提议而最终加入的。这首极富朝气、旋律上口的单曲由于在制作过程中出现纰漏，分别在1997年和1998年出版过两个不同版本，它也是"后街男孩"在英国卖得最好的一首单曲。

2013年9月19日，在上海世茂皇家艾美酒店与托尼·班内特合影，摄影：Giulia Zhu

托尼·班内特（Tony Bennett）

托尼·班内特是美国歌坛最德高望重的流行歌唱家之一，出生于1926年的他如今已经是九十多岁的高龄。他的乐坛生涯主要以演唱传统流行、大乐队、音乐剧以及爵士类歌曲为主。

托尼在很小的时候就喜欢唱歌。他曾经作为美国陆军步兵到欧洲战场作战。战后，他不断提升自己的歌艺，最终与哥伦比亚唱片公司签约。二十世纪五十年代，托尼凭借卓越的歌艺，很快达到了自己艺术生涯的最高峰。1962年，他拥有了一首最能展现他个人演唱风格的代表作《我把心留在了旧金山》。随后，伴随着摇滚乐的掀起，托尼的演唱生涯进入了暂时的低谷，直到八十年代末至九十年代才终于迎来了事业的第二春。除了再度获得"金唱片"奖之外，他在不破坏原有风格的基础上，开始将自己的触觉延伸到了MTV那一代。

懂得与时俱进的托尼即便是进入2010年后依然受到圈内外的一致赞扬。迄今为止，这位老艺人已经获得过十九次格莱美奖（包括一项终身成就奖）、两座艾美奖，美国国家艺术基金会还授予他"爵士大师"的称号。除了歌唱生涯之外，托尼·班内特还是一个出色的画家，他常常以真名安东尼·班内迪托（Anthony Benedetto）发表他的画作，这些作品在世界各地的画廊进行过展出。2021年8月，这位老艺术家因病正式结束舞台生涯。

成名作品：《因为你》（*Because of You*）

这是托尼·班内特在1951年推出的一首单曲，曾作为电影《我是一个美国间谍》（*I was an American Spy*）中的插曲，在《公告牌》杂志单曲榜上勇夺十周的冠军。作为托尼最早的一首成功单曲，作品曲调还是属于抒情委婉、歌者特别擅长的传统流行风格，曾被包括康妮·弗兰西斯（Connie Francis）、路易斯·阿姆斯特朗（Louis Armstrong）等众多歌坛传奇人物翻唱过。

张明独家推荐

《我把心留在了旧金山》（*I Left My Heart in San Francisco*）

此歌创作于1953年秋天的纽约布鲁克林，也是托尼·班内特音乐生涯中最著名的一首歌曲，曾作为旧金山市的市歌。两位创作人乔治·考瑞（George Cory）和道格拉斯·克劳斯（Douglass Cross）在移居纽约后，为了表达对旧金山的思念，特别创作了这首歌曲。这首歌最初是献给女歌手克拉梅·特纳（Claramae Turner）的，但她错过了录制，无心插柳的班内特最终让这首歌曲一炮走红。

2013年10月5日，参加贾斯汀·比伯上海演唱会粉丝握手会合影，照片提供：AEG China

贾斯汀·比伯（Justin Bieber）

来自加拿大的贾斯汀·比伯无疑是当今最走红的超级偶像歌手之一了。2008年，他因为在社交媒体上发表了一段自己翻唱歌曲的视频，即刻被星探发掘，并火速签约RBMG唱片公司。此后，他发行的首张EP专辑《我的世界》（My World）在2009年末就获得白金认证，之后一年发行的《我的世界2.0版》令他成为1963年斯蒂夫·旺德（Steve Wonder）之后最年轻的专辑销售冠军的男艺人。

虽然踏入歌坛才十多年时间，但比伯取得的成绩却十分闪耀。他的全球唱片销量估计达到了一亿五千万张，他也是首位在音乐视频网站Vevo上拥有一百亿点阅量的艺人。他的音乐风格随着自己人生阅历的增长以及周围人们审美趣味的变化而在不断寻求突破，从最初的青少年流行歌曲（Teen Pop）到后来的电子舞曲特色（EDM）。虽然他的个人生活总是引发争议，但不可否认，他在音乐上的不断成熟还是令人刮目相看。

2015年，他发行的个人第四张专辑《目的》（Purpose）一下子就产生了三首无论是艺术质量还是商业上都极度成功的作品，包括《你到底什么意思》、《抱歉》（Sorry）以及《爱你自己》（Love Yourself），并由此获得第五十九届格莱美奖年度最佳专辑提名。2013年10月，处于歌唱事业巅峰的贾斯汀·比伯首次来到中国开唱，尽管演唱会票价不菲，但依旧一票难求。从2016年开始，贾斯汀·比伯热衷于和他人合作，他缔造了一系列排行榜上的畅销单曲，直到2020年1月3日，他才终于发行了自己的最新单曲。受疫情影响，他的"正义"世界巡演（The Justice World Tour）推迟到了2022年。

成名作品：《宝贝》（*Baby*）

2010年1月，贾斯汀·比伯与说唱乐手卢达克里斯（Ludacris）合作推出了单曲《宝贝》，他本人也参与了这首歌曲的创作。这首中速的节奏与布鲁斯歌曲完美融合了流行舞曲和嘻哈元素，一经推出便席卷各大排行榜，在商业上取得了巨大成功。到了2013年5月，光是在美国，它的数字下载量就高达三百九十万次。这也是贾斯汀迄今在中国传唱度最高的歌曲。

—— **张明独家推荐**

《你到底什么意思》（*What Do You Mean*）

这首歌选自迄今为止贾斯汀·比伯反响最佳的一张专辑《目的》，在2015年推出的众多年终榜评比中，这首主打单曲都有入选。根据贾斯汀·比伯本人所述，此歌描述的是他当年与女歌手赛琳娜·戈麦兹（Selena Gomez）之间的一段恋情。

《一万个小时》（*10,000 Hours*）

鉴于贾斯汀"歌坛当红炸子鸡"的名声，想要与他合作的艺人真的是纷至沓来。除了与路易斯·芬奇（Luis Fonsi）合作的《慢慢来》（*Despacito*）之外，这首与美国乡村乐组合Dan + Shay合作的歌曲也大受欢迎。这首单曲发行的时间是在贾斯汀·比伯与海莉·鲍德温（Hailey Baldwin）举行婚礼的四天之后，作品的名称叫《一万个小时》。据心理学研究，一个人如果努力要变成天才，至少要花费一万个小时。通过歌曲，贾斯汀·比伯表达了自己愿意花一万个小时来读懂女孩的心。这是一首非常好听的浪漫情歌！

带领Love Radio听众参加
"蓝色男孩"后台见面会，
摄影：郭峰

"蓝色男孩"组合（Blue）

"蓝色男孩"发迹于英国伦敦，由邓肯·詹姆斯（Duncan James）、安东尼·科斯塔（Antony Costa）、黎·莱恩（Lee Ryan）和赛门·韦伯（Simon Webbe）四位帅气的小伙子组成。他们曾表示，团队之所以起名"Blue"，是因为每一位队员都拥有一副天生唱蓝调的好嗓子。

2001年5月，该组合发行了他们的首支单曲《全体起立》，一下子就拿下了英国单曲榜第四名。同年8月和11月，他们的连续两首单曲《如此靠近》（To Close）和《假如你回来》的成绩更是惊人，不但均拿下排行榜冠军，在销量上也都超过了二十万张。随着一首首成功单曲的出炉，他们的首张专辑也势如破竹，在英国卖出了超过一百二十万张，并在发行二十三周之后登上排行冠军的宝座。

从2002年到2004年，作为英国乐坛又一支偶像生力军，"蓝色男孩"的发展可谓顺风顺水。在2005年推出一张成军四周年的纪念唱片之后，他们便宣布单飞，时隔四年之后，该组合宣布重组，这回他们的音乐风格已经向着熟男路线靠近。2011年，他们还代表英国参加了欧洲电视歌曲大奖赛。或许是因为起步太高，"蓝色男孩"和不少同时期的偶像团队一样，后期作品引发的反响大不如前。2015年，他们因第五张专辑销量不佳而被唱片公司解约。

成名作品:《全体起立》(*All Rise*)

这是"蓝色男孩"2001年发行的首支单曲,唱片一出炉就反响热烈,在英国和澳洲成绩尤为突出。这首歌曲由来自挪威的著名制作团队"星门"(Stargate)担纲制作,歌曲中不少元素来自1975年的电影《平齐克里夫大奖赛》(*The Pinchcliffe Grand Prix*)中的主题旋律。

张明独家推荐

《假如你回来》(*If You Come Back*)

此曲同样来自他们的首张专辑《全体起立》,全球销量达一百万。著名的英国偶像团队911成员之一李·布伦南(Lee Brennan)也参与了歌曲的创作。它是"蓝色男孩"第二首拿到英国单曲榜冠军的歌曲。我特别喜欢主唱李·布伦南在此歌中的表现,高亢的声线迷倒众生。

《难以开口说抱歉》(*Sorry Seems to Be the Hardest Word*)

此曲原本是由埃尔顿·约翰(Elton John)和老搭档伯尼·陶品(Bernie Taupin)创作的单曲,收录在他1976年发行的专辑中。歌曲讲述了分崩离析的浪漫爱情,也是埃尔顿·约翰本人为数不多的参与填词的作品。2002年,这首歌曲被"蓝色男孩"重新翻唱,收录在该组合的第二张专辑《同一个爱》(*One Love*)中。作为经典,此歌有不少翻唱版本,其中以"蓝色男孩"与埃尔顿·约翰合作的版本为最佳。

2008年4月19日，在上海云峰剧场后台采访詹姆斯·布朗特，摄影：唐西文化

詹姆斯·布朗特（James Blunt）

　　2004年，当时还名不见经传的詹姆斯·布朗特因为一首《你好美丽》感动了全世界，从此一举成名。这位1974年出生于英格兰的歌手因为曾有过在部队服役的经历而被乐迷亲切地称为"上尉诗人"。说起詹姆斯的军队生涯，可谓异常丰富，他当过陆军侦查官，曾是第一个进入科索沃首都的英国军官，也参加过骑兵团和护卫队。

　　在2002年退役之后，为了能展开自己的音乐生涯，他将自己的姓氏Blount改为Blunt以方便拼写。之后，他十分幸运地签约EMI唱片，因得到女艺人琳达·佩瑞（Linda Perry）的器重而火速加盟她的Custard唱片厂牌。詹姆斯在英国发行的第一首单曲《超好心情》（High）反应平平，直到那首《你如此美丽》问世，他才受到公众的注意。超美的旋律配以略带哀怨的歌词，使作品一问世便火速登上排行榜。一时间英国的大街小巷都在播放此曲，它成为詹姆斯职业生涯最出名的单曲。

　　在首张专辑《不安于室》（Back to Bedlam）大获成功之后，詹姆斯在之后的几年内又陆续出版了《失落的灵魂》（All The Lost Souls）、《某种忧虑》（Some Kind of Trouble）、《登月》（Moon Landing）以及2017年的《真情挚爱》（The Afterlove）。虽然成绩尚可，但影响力始终不及他的首张专辑。2019年8月，他的第六张专辑推出，其中的单曲《冷》（Cold）作为首波主打在8月29日正式发行。而在2020年11月，大西洋唱片公司曾推出詹姆斯·布朗精选集《脚下的星星》（The Stars Beneath My Feet），介绍其17年歌唱生涯。

成名作品：《你如此美丽》（You're Beautiful）

这是詹姆斯·布朗特首张专辑中的第二主打歌曲，2006年这首歌还获得了以英国著名作曲家艾弗·诺维洛（Ivor Novello）的名字命名的原创音乐大奖。对于外界盛传的关于此歌的主题是围绕他之前的女友迪克西·切赛（Dixie Chassay）展开的疑问，詹姆斯本人从未做出任何回应，他只是说这首歌曲的歌词是他花了两分钟完成的。这看似是一首浪漫的歌曲，其实讲述的内容令人不寒而栗：一个像我这样的男人在地铁跟踪他人的女友，最终以自杀了结了生命。

张明独家推荐

《1973年》（1973）

这是詹姆斯·布朗特第二张专辑《失落的灵魂》中的主打歌曲，歌名取自西班牙伊维萨岛（Ibiza）上一家夜总会开张的年份。詹姆斯曾有过在此岛居住的经历，他对伊维萨夜总会的热闹景象赞叹不已，于是便联合美国制作人马克·贝森（Mark Batson）共同创作了这首歌曲。作为2007年混音项目的一个部分，此曲还曾被英国知名DJ彼得·童（Peter Tong）与戴夫·斯彭（Dave Spoon）做了特别混音处理，在圈内引起了不小的轰动。

2010年6月3日，在上海大舞台后台与迈克尔·波顿合影

迈克尔·波顿（Michael Bolton）

在中国乐迷的心目中，迈克尔·波顿算是二十世纪八十年代末到九十年代的情歌最佳代言人之一了。但很少有人知道，迈克尔的歌坛道路其实并不平坦，他七十年代中期出道时主要以表演硬摇滚（Hard Rock）和重金属（Heavy Metal）为主，同时还是"黑杰克"（Blackjack）乐队的主音歌手。遗憾的是，乐队出版的作品反应都不算理想，解散之后，迈克尔·波顿转而进入哥伦比亚唱片公司寻求发展，他的音乐风格也开始向软性情歌路线发展。

1983年，在为女歌手劳拉·布兰尼根（Laura Branigan）创作了一首《没有你我无法活》获得成功之后，他时来运转。由于一直对灵魂乐歌曲和"汽车城"（Motown）音乐情有独钟，1987年，迈克尔·波顿因翻唱了传奇艺人欧蒂斯·雷丁（Otis Redding）的经典歌曲《坐在海湾的码头上》（*Sitting on the Dock of The Bay*）而大受欢迎。1991年，他发行了自己的畅销专辑《时光、爱情与温柔》（*Time, Love & Tenderness*），其中的一首翻唱歌曲《当男人爱上女人》让他获得格莱美奖的肯定，也奠定了他"情歌王子"的一线巨星地位。

自从1997年为迪士尼动画片《大力士》（*Hercules*）配唱插曲《走向远方》（*Go*

the Distance）打进排行榜之后，迈克尔之后的歌坛之路似乎有些暗淡，但谁也不会否认他在巅峰时期录制的那些情歌曾打动过无数乐迷的心。

成名作品：《没有你我无法活》（*How Am I Supposed to Live without You*）

这是迈克尔·波顿与道格·詹姆斯（Doug James）共同创作的一首情歌，曾被全球不少艺人以各自的语言重新翻唱。这首歌原本是给"空气补给"乐队来演唱，但迈克尔不同意唱片公司修改歌词，最终女歌手劳拉·布兰尼根演绎，取得了不错的成绩。但相比较而言，这首歌曲在全球的影响力更多的还是来自迈克尔·波顿自己的演唱版本。在当年的格莱美颁奖现场，他与肯尼·基现场表演的这首歌曲是整台颁奖晚会的亮点之一。

张明独家推荐

《当男人爱上女人》（*When a Man Loves a Woman*）

这是1966年由帕西·斯莱杰（Percy Sledge）唱红的一首经典名曲，曾获得《公告牌》杂志R&B排行榜第一名。十四年之后，老牌女艺人贝蒂·米德勒（Bette Midler）重新翻唱，曾在1980年打进排行榜前四十名。但纵观这些翻唱版本，其中最为成功的无疑就是迈克尔·波顿的版本了。尽管是一名白人歌手，但他炉火纯青的黑人灵魂乐唱腔和激情四射的内心情感在这首情歌中发挥到了极致，他也因此获得了格莱美奖的肯定。

《说我爱你……但这是谎言》（*Said I Loved You...But I Lied*）

这是迈克尔·波顿与著名音乐制作人罗伯特·约翰"摩特"兰奇（Robert John 'Mutt' Lange）合作的一首歌曲，选自1993年的专辑《唯一的爱》（*The One Thing*）。如日中天的迈克尔此时对于情歌的把控已经游刃有余，一如既往的感性声线把男人的粗犷、女人的柔情以及至深至切的爱情融合得恰到好处，绝对是一首震撼心灵的至尊情歌经典！

1998年11月21日，在上海万人体育馆后台采访"从男孩到成人"组合

"从男孩到成人"组合（Boyz II Men）

这支来自美国费城的黑人组合绝对是二十世纪九十年代最具影响力的节奏与布鲁斯/和声团队。它组建于1988年，早期的曲风偏向于"新杰克摇摆"（New Jack Swing），之后越来越呈现都市R&B路线。

作为一支唱片销量达到六千万的四人团队，他们擅长演绎抒情歌曲，拥有完美的阿卡贝拉声线。从成立到现在，他们拥有三首脍炙人口的经典名曲，分别是1992年为艾迪・墨菲主演的电影《花心大少闯情关》（Boomerang）演唱的《道路的尽头》、1994年的《与你缠绵》（I'll Make Love to You）以及曾经荣登《公告牌》杂志单曲榜冠军长达十六周、与著名女歌手玛莉亚・凯莉合作的《甜蜜的一天》（One Sweet Day）。可以说在九十年代这十年里，他们是著名的"汽车城"音乐（Motown Music）最为成功的代表，曾经拿下四座格莱美奖，《公告牌》杂志将该组合列为90年代最成功的团体，并在总体艺人排名中列第四。

只可惜2003年，该组合的成员之一、拥有漂亮低音的迈克・麦凯瑞（Michael McCary）因为受伤宣布离队，剩下内森・莫里斯（Nathan Morris）、万亚・莫里斯（Wanya Morris）和肖恩・斯托克曼（Shawn Stockman）继续组团巡演并录制歌曲。

2017年，他们出版了专辑《在街灯之下》（*Under the Streetlight*），之后又参与录制了查理·浦斯（Charlie Puth）的单曲《假如你此刻离我而去》（*If You Leave Me Now*）。为了表彰他们在歌坛的成绩，费城还专门开辟了一条以他们团队的名字命名的大街。

成名作品：《与昨天难以说再见》（*It's so Hard to Say Goodbye to Yesterday*）

在2020年1月26日的格莱美颁奖典礼上，主持人艾丽西亚·凯斯（Alicia Keys）与"从男孩到成人"组合合作演唱了此曲，向离世的NBA著名球星科比·布莱恩特（Kobe Bryant）致敬。这首经典的节奏与布鲁斯畅销金曲选自这个组合的首张专辑，是翻唱"汽车城"艺人卡麦隆（Cameron）1975年灌录的一首电影插曲。但人们普遍认为，"从男孩到成人"组合的阿卡贝拉版本要比原唱略胜一筹。

张明独家推荐

《道路的尽头》（*End of the Road*）

这是"从男孩到成人"（Boy II Men）在1992年职业生涯巅峰时期录制的一首电影歌曲，无论是在美国国内还是在其他国家都取得了非常耀眼的榜单成绩，在权威的《公告牌》杂志单曲榜上更是荣获十三周的冠军。其美妙至极的和声配以当代R&B特有的优美旋律，每每听来都令人沉醉不已。

2012年9月22日，在上海云
峰剧场演出开场前采访莎
拉·寇娜

莎拉·寇娜（Sarah Connor）

　　1980年6月13日出生的莎拉·寇娜虽然出生于德国下萨克森州代尔门霍斯特
（Delmenhorst），但由于她的生父来自美国的新奥尔良，因此同一般意义上的德国歌手
不同，她的曲风总是夹杂着浓浓的蓝调和灵魂乐的味道。

　　早在六岁时，莎拉就加入了教堂唱诗班。自2000年签约X-Cell唱片公司之后，她
就开始在歌坛崭露头角，从2001年的首张专辑《绿眼心灵》（Green-eyed Soul）开始，
她在短短的十年时间内连续发片，缔造了不少排行榜金曲。2005年和2008年，她因为
和前夫马克·特伦茨（Marc Terenzi）连续参加了名为《莎拉与马克恋爱了》（Sarah &
Marc in Love）以及《莎拉与马克疯狂爱上了》（Sarah & Marc Crazy in Love）两档真人
秀节目，国际知名度骤然大增。

　　莎拉·寇娜在全球的唱片销量约在七百万左右，她也由此成为二十一世纪德国最
为成功的流行歌手之一。2017年，德国电台Deutsche Welle更是将她列为"全球最具
知名度"的德国艺人排行榜的第三名。在最具权威的"德国回声奖"的角逐中，她共
获十三次提名，两次荣膺大奖。

成名作品：《来自莎拉的爱情》（*From Sarah with Love*）

这是出自莎拉首张专辑《绿眼心灵》中的第三波主打单曲，缠绵凄美的旋律将莎拉擅长情歌的优点展现得淋漓尽致，并很快在德国、瑞士和波兰收获排行榜冠军宝座。这首歌曲被公认为莎拉演艺生涯最成功的单曲，曾在"德国回声奖"中获得"年度德国最佳流行/摇滚单曲"提名。

张明独家推荐

《只是最后一支舞》（*Just One Last Dance*）

这应该是国内乐迷最为熟悉的一首来自莎拉·寇娜的热门单曲了。在我看来，这首选自莎拉个人第三张专辑《我灵魂的钥匙》（*Key to My Soul*）中的作品绝对是一首可以挑战美国知名黑人歌手唐妮·布莱斯顿（Toni Braxton）唱功的作品。此歌除了莎拉的独唱版本之外，2004年3月1日，X-Cell唱片还推出过莎拉和她前夫马克·特伦茨所率领的乐队"自然"（Natural）之间的合作对唱版本。

莎拉·寇娜的签名唱片和题字

2008年，主持席琳·迪昂世界巡演上海站发布会

席琳·迪昂（Celine Dion）

　　席琳·迪昂无疑是当今世界歌坛最具影响力的女歌手之一了。她出生于加拿大魁北克地区的一个大家庭，自从二十世纪八十年代步入法语歌坛之后，她的全球唱片销量已经超过两亿张。

　　席琳最早引起全球关注应该是1988年代表瑞士参加欧洲电视歌曲大奖赛（Eurovision Song Contest）并最终夺冠。九十年代，她在连续发行几张畅销一时的英文专辑后迅速打开了国际市场。尤为值得一提的是，1997年她为热门影片《泰坦尼克号》演唱的主题曲《我心依旧》更是令她的歌唱事业步入巅峰。这首全球销量约在一千八百万的电影主题曲最终获得了1998年奥斯卡"年度最佳电影歌曲奖"。

　　席琳的演唱风格非常多元，从摇滚、R&B到福音乃至古典，几乎样样精通。1999年末，席琳因丈夫患病曾隐退歌坛，2002年宣布复出，伴随着畅销专辑《新的一天来临》（A New Day Has Come），她于2003年3月到2005年在拉斯维加斯进行驻唱表演，总计七百二十三场，收入四亿美元。这一驻唱模式也为很多歌手的事业发展打开了全新模式，在她之后，许多大牌艺人开始仿效，为拉斯维加斯的经济复苏带来了动力。

　　1999年1月、2008年4月以及2018年6月，席琳分别在中国香港、中国内地以及中国澳门举行个人演唱会，2013年更是登上"央视"春晚，表演了中国经典民歌《茉莉花》。2021年初，因遭受疫情，席琳的"勇气"全球巡演被迫延期。

成名作品：《没有我，请别离开》（*Ne Partez Pas Sans Moi*）

很多人不清楚席琳·迪昂的成名曲究竟是哪一首，这首1988年5月发行的《没有我，请别离开》作为她在欧洲电视歌曲大奖赛上的夺冠金曲，至少是她最先获得欧洲知名度的一首作品。

张明独家推荐

《我心依旧》（*My Heart Will Go On*）

对于拥有无数经典名曲的席琳·迪昂来讲，最能代表她唱功的除了那首《爱的力量》（*The Power Of Love*）之外，恐怕就要数这首给她的歌唱事业带来巨大影响的《我心依旧》了。从1997年开始，席琳·迪昂的歌唱事业以这首歌为标记，全面进入巅峰时期。《我心依旧》是好莱坞拍摄的史诗巨片《泰坦尼克号》的电影主题曲，由威尔·詹宁斯（Will Jennings）与已故著名配乐大师詹姆斯·霍纳（James Horner）共同创作。作为一首抒情优美的爱情主题曲，它曾在全球二十多个国家夺得排行榜冠军。

《假如爱已足够》（*S'il Suffisait d'aimer*）

这是席琳1998年发行的同名法语专辑里的主打歌曲，由法国最负盛名的音乐制作人、词曲作者之一让-雅克·古德曼（Jean-Jacques Goldman）创作。那感人至深的旋律只要一响起，就会让听者瞬间"崩溃"，完全沉浸在法语歌那独有的浪漫感性魅力之中。

2008年4月11日，在上海茂悦酒店主持席琳·迪昂访沪演唱会的媒体见面会

2001年12月5日，采访流线
胖小子，摄影：新索音乐

"流线胖小子" 诺曼·昆汀库克（Norman Quentin Cook）

他是最早来中国公开表演的英国著名DJ之一，本名叫诺曼·昆汀库克（Norman Quentin Cook）。作为一名独立电音制作人，他曾经获得十座MTV音乐大奖和两座全英音乐奖。他的作品在二十世纪九十年代极具人气，是公认的"大节拍"（Big Beat）代表人物。

说起"流线胖小子"的音乐之路，那要追溯到1985年了。一个十分巧合的机会，他成了独立摇滚乐队"马丁之家"（The Housemartins）的贝司手。乐队解散后，他又陆续加盟了另外几个音乐团体。到了1996年，他开始单独发展，并取艺名为"流线胖小子"。

出于对舞曲的痴迷，他投身日渐兴起的"酸性浩室"风潮，发行的首张专辑就获得了圈内的一致好评。不过真正让他被中国歌迷所认知的应该是他的第二张专辑《你远道而来，宝贝》。其中大量的流行元素与时尚节奏相结合而产生的强烈的商业意味，以及近乎超自然的令地板漾起波纹的舞厅音效，都让小众电音迷们赞叹不已。这张专辑在创作上明显变得多样化，特别是唱片中的第一首《此地此刻》更是风靡一时。

2008年，他又和大卫·贝尔纳（David Byrne）合作，为众多著名艺人的单曲制作混音。目前他还保持了一项吉尼斯世界纪录，即以不同的名字录制了最多数量打入

Top 40的热门单曲。2001年12月，这位全球知名DJ风程仆仆来到上海，并在当时的"台风俱乐部"（Club Typhoon）进行了一场打碟秀，吸引了不少电音爱好者前往。

成名作品：《洛克菲勒好小子》（*The Rockafeller Skank*）

这首作品来自"流线胖小子"最具影响力的专辑之一《你远道而来，宝贝》（*You've Come a Long Way, Baby*）中的第二波单曲，是1998年春夏横扫舞池的至尊单曲。就风格而言，实验性的做法里仍没有脱离流行悦耳的大本营，"大节拍"舞曲中加入些许朋克元素，成了那一年最具感染力的电音符号。有趣的是，由于这首作品采用了太多的人声取样，以至于诺曼本人几乎没有任何版权税收益，全部分给了相关的艺人。

张明独家推荐

《此地此刻》（*Right Here，Right Now*）

这无疑是"流行胖小子"知名度最高的单曲之一，发行于1999年4月19日，同样来自他主流市场反响最好的一张专辑《你远道而来，宝贝》。

此曲曾荣登英国单曲排行榜亚军位置，其基本的弦乐段落取样自摇滚乐队詹姆斯·冈（James Gong）的作品《灰烬、雨和我》（*Ashes, the Rain & I*），而歌词中最出名的一句"此时此地"则出自女演员安吉拉·比塞特（Angela Basstt）在电影《末世纪暴潮》（*Strange Days*）中的经典台词。在这首曲子的专辑版本（Album Version）中还有电台DJ与一名"流线胖小子"粉丝之间的对话，非常新颖奇特。

2001年12月5日，采访"流线胖小子"，摄影：新索音乐（上图）

2001年12月5日，与"流线胖小子"合影，摄影：新索音乐（下图）

2012年11月13日,与大卫·福斯特在上海大舞台贵宾厅合影

大卫·福斯特（David Foster）

被誉为"金曲制造机"的大卫·福斯特出生于加拿大,是一位才华横溢的制作人、编曲人、词曲作家和钢琴家。除了勇夺格莱美奖、艾美奖、金球奖等诸多娱乐界的重要奖项之外,他还获得过三次奥斯卡奖的提名。在他不凡的音乐生涯中,大卫·福斯特制作和创作了无数首歌坛经典,和他合作的歌坛大牌更是不胜枚举。

大卫·福斯特五岁开始学琴,1971年来到洛杉矶追求自己的音乐梦想。他不以录音室乐手而自满,努力展现自己在词曲和制作上的才华。1979年,他就因为"土风火"乐队（Earth Wind & Fire）创作的歌曲《爱已逝》（*After The Love Has Gone*）而获得首座格莱美奖。之后,大卫·福斯特的才华得到好莱坞的赏识,他在八十年代创作的一系列影视插曲让他火速在美国乐坛建立起良好的口碑。

他涉猎的音乐层面相当广泛,除了流行之外,还兼顾黑人灵魂乐、古典爵士、摇滚乐,甚至乡村音乐。只要是他参与制作或编曲的作品,总是多多少少能在排行榜上占据一席之地。除了与芭芭拉·史翠珊、迈克尔·杰克逊、惠特尼·休斯顿、席琳·迪昂、迈克尔·波顿、麦当娜、安德烈·波切利等大咖级人物合作以外,他还提拔了诸如乔许·葛洛班（Josh Groban）、迈克尔·布雷（Michael Buble）等众多艺人。

近年来，他从幕后走到台前，策划了自己的《大卫·福斯特和他的朋友们》系列。2012年11月，他专程来中国巡演。截止到目前，这位歌坛超级制作人共获得四十七次格莱美奖提名，共获得十六次大奖。2012年至2016年，他担任著名爵士品牌Verve唱片的主席。2020年，大卫·福斯特重拾旧爱，推出了自己的钢琴独奏专辑《11个字》（*Eleven Words*）。

成名作品：电影《圣艾尔莫之火》爱情主题曲（Love Theme from *St. Elmo's Fire*）

这是大卫·福斯特为1985年的电影《圣艾尔莫之火》创作的一首乐曲，选自他首次为好莱坞电影创作的同名电影原声碟。这首曲子分为两个不同版本，除了大卫·福斯特亲自演奏的器乐版之外，还有一个是填词后的版本，副标题为"只为一个瞬间"（For Just A Moment）。整首乐曲清新舒缓、略带抒情摇滚的节奏，配上萨克斯管的精彩演绎，给人以浪漫至极的感受。

张明独家推荐

《我一无所有》（*I Have Nothing*）

这是由大卫·福斯特和他的前妻琳达·汤普森（Linda Thompson）为电影《保镖》（*The Bodyguard*）创作的一首插曲，由他本人亲自担纲制作。这首编曲异常丰富的高难度情歌是这部电影中知名度仅次于《我将永远爱你》（*I Will Always Love You*）的一首插曲，曾获得奥斯卡和格莱美年度最佳电影歌曲的提名。在众多选秀节目中，这首歌曲也经常被参赛选手拿来演绎，以展现自己的歌唱技巧。

《祈祷》（*The Prayer*）

这首流行歌后席琳·迪昂与美声歌唱家安德烈·波切利合作的跨界歌曲同样由大卫·福斯特参与创作。这首旋律优美的情歌最初在电影《伏魔神剑》（*Quest For Camelot*）中出现时，是两位歌手分别用英语和意大利语演绎的独唱版本，两人的对唱只是收录在各自发行的专辑中。到了1999年，对唱版本作为单曲发行以后，获得了金球奖"年度最佳电影歌曲"以及奥斯卡的提名。

2002年10月14日，首次在
上海大剧院首次采访肯尼·基

肯尼·基（Kenny G）

出生于美国华盛顿州西雅图的肯尼·基大概是中国知名度最高的萨克斯管演奏家了。早在十岁时，他就开始登台表演。1982年，他受到著名的阿利斯塔唱片公司（Arista Records）老板克莱夫·戴维斯（Clive Davis）的赏识，成为该厂牌旗下的艺人。在此期间，他除了参与众多美国大牌艺人的专辑录制以外，自己发行的一系列唱片也大受欢迎。特别是他的第六张专辑《无法呼吸》（*Breathless*）成为有史以来全球最畅销的器乐演奏专辑，销量突破一千五百万。值得一提的是，这张专辑的亚洲版还特别收录了肯尼·基演奏的一曲中国特色的《茉莉花》（*Jasmine Flower*），此曲连同他的热门单曲《回家》（*Going Home*）很快确定了他在中国的知名度，也在我国掀起了一股学习萨克斯管的热潮。

作为轻爵士音乐的代表人物，肯尼·基的演奏风格偏重流行，唱片总销量更是达到惊人的七千五百万，这也引发了他在主流爵士乐坛不小的争议。尽管如此，谁也无法否认他在器乐演奏领域巨大的影响力。1997年，肯尼·基缔造了连续吹奏萨克斯管时间最长的吉尼斯纪录，他在纽约使用高音萨克斯管连续用E大调吹奏了四十五分四十七秒，他使用的循环换气法也成为此后众多萨克斯管爱好者追捧的方法。

追求艺术上兼收并蓄的肯尼·基一直对中国文化有着浓厚的兴趣。除了耳熟能详的《茉莉花》以外，他还改编过许多中国的流行歌曲，如邓丽君的《月亮代表我的心》、刘德华的《你是我的女人》、王力宏的《唯一》等。自2002年10月15日起至今，肯尼·基多次来到中国举办他的巡演音乐会，受到乐迷的热烈欢迎。2020年，肯尼·基与当红艺人"盆栽哥"（The Weekend）合作发行了《在你眼中》（*In Your Eyes*）混音版本。

成名作品：《鸣鸟》（*Songbird*）

在肯尼·基出现之前，萨克斯管一直是流行乐坛的配角。1986年，这首出自于他1986年专辑《双色调》（*Duotones*）中的畅销单曲《鸣鸟》让全球乐迷疯狂地爱上了这件乐器，萨克斯管正式跃身为流行乐坛的主角。这首作品也是自电视剧集《迈阿密罪恶》主题曲之后第一首打进《公告牌》单曲榜前五名的器乐单曲。

▰▰▰ 张明独家推荐 ▰▰▰▰▰▰▰▰▰▰▰

《永远相爱》（*Forever in Love*）

这是肯尼·基在1993年推出的一首以恋人相知相爱为主题的单曲，收录于他最为成功的专辑之一《无法呼吸》中。这首作品不仅由他本人创作，而且由他亲自担任制作人，并在1994年格莱美颁奖典礼上荣获年度最佳器乐创作大奖。

《友谊地久天长》（*Auld Lang Syne*）

这首家喻户晓的苏格兰民谣有众多的改编版，而其中肯尼·基的再创作无疑是最独辟蹊径的了。这首改编曲收录在他1999年11月推出的圣诞专辑中，共分两个版本：一个版本特别邀请了演奏家雅尼参与键盘演奏，而另一个长达七分五十三秒的千禧混音版加入了众多珍贵人声的历史录音，显得非常特别。

2007年3月29日，在上海四季酒店再次采访肯尼·基，摄影：管一明

2004年12月2日，采访"汉森兄弟"乐队，摄影：巫艳婷

"汉森兄弟"乐队（Hansons）

　　"汉森兄弟"乐队1992年组建于美国俄克拉荷马州的图尔萨（Tulsa），由吉他手兼歌手艾萨克（Issac）、键盘手兼歌手泰勒（Taylor）以及鼓手兼歌手扎克（Zac）组合而成。

　　他们最出名的作品就是1997年录制的歌曲《MMMBop》，选自他们出版的第一张专辑《迷失方向》（*Middle of Nowhere*）。此歌一经推出，各大主流传媒皆对作品所散发的青春活力给予很高评价，电台也频繁播放此歌，很快，这首作品为他们赢得了三项格莱美奖提名。

　　后来，伴随着他们所属的"水星/宝丽金"唱片公司与姊妹公司"岛屿"的合并，"汉森兄弟"在录了第二张专辑之后就和公司分道扬镳了。然而，三兄弟不轻易言退的毅力，让他们决定成立自己的唱片公司。到了2004年4月，他们终于推出第三张专辑，通过与多位出色的音乐人之间的合作，继续拓展自身的音乐广度。"汉森兄弟"在全球的唱片销量达一千六百万，三张专辑都打进了美国排行榜前二十名，在二十世纪九十年代末绝对是美国乐坛"现象级"的青少年乐队之一。2017年，为了纪念首张专辑发行二十五周年，他们还专门举行了一次巡演。

成名作品:《MMMBop》

这是由"汉森兄弟"自己创作的一首令他们在顷刻之间平步青云的成名之作,曾荣登至少十二个国家排行榜的冠军。其实这首歌最早推出是在1996年他们的首张独立厂牌发行的专辑中,那时的版本速度没那么快,我们如今听到的版本其实是经过了王牌制作人"灰尘兄弟"(The Dust Brothers)重新改编之后出炉的。相比于先前,歌曲的节奏更加欢快劲爆,富有哲理的歌词配上动感激情的摇滚节奏,或许是这首作品一出炉就备受青睐的重要原因。

张明独家推荐

《我会在你身边》(*I Will Come to You*)

这是1996年"汉森兄弟"推出的一首流行摇滚式的作品。此曲因被某知名汽车品牌用作广告歌曲而在中国乐迷中具有很高的人气,而它在欧洲的榜单成绩似乎更优于它在美国《公告牌》单曲榜上的表现。

《我会在你身边》曾拍摄过两个不同版本的MV,一个是三兄弟打扮成天使一般的模样在森林里歌唱,另一个则是在贝肯剧院里,"汉森兄弟"在台上为一次电台大赛的获胜者表演。歌曲饱含深情,传递着一种"恋人至上"的理念:真爱不一定非得在一起,只要心中永远有彼此,并会在对方失意失落的时候给予陪伴和支撑就够了。

2004年12月2日,与"汉森兄弟"乐队合影,摄影:巫艳婷

1993年5月，与上海人民广
播电台资深音乐编辑付启人、
胡里奥·伊格莱西亚斯及工作
人员合影

胡里奥·伊格莱西亚斯（Julio Iglesias）

　　胡里奥·伊格莱西亚斯是西班牙最具国际知名度的流行艺人之一。这位1943年9月23日出生于马德里、先前还是职业足球运动员的歌手虽然成名于二十世纪六十年代，但他的歌曲真正被中国乐迷知晓应该是在八十年代立体声音乐广播刚刚掀起的时候，胡里奥那柔情的歌声和极具异国风情的优美旋律打动了无数听者的心。

　　作为欧洲大陆商业运作最为成功的老牌歌星之一，胡里奥在全球的唱片总销量达到惊人的一亿多张，共计十四种语言。据估计，在他漫长的演艺生涯中，他大概举办过五千多场音乐会，五大洲超过六千万的观众欣赏过他的演出。

　　1988年，胡里奥受邀访问中国，中国观众通过中央电视台领略了他的美妙歌声。1993年，他携父亲、女友来到上海参加东亚运动会闭幕式的演出，与韦唯合作演唱《鸽子》。1995年，胡里奥获"中国金唱片特别奖"，成为第一位获此殊荣的外国歌唱家。2013年4月，胡里奥被收录于"拉丁作曲家名人堂"。同年，他赴中国巡演时，在北京被索尼唱片中国区授予"最受欢迎国际艺人"大奖，颁奖人正是蜚声世界的青年钢琴家郎朗。

成名作品：《献给所有我曾爱过的女孩》（*To All the Girls I've Loved Before*）

这是胡里奥1984年发行的畅销专辑《加州贝莱尔区1100号》（*1100 Bel Air Place*）中收录的第一波主打单曲，也是建立他在英语国家广泛知名度的第一首作品。此歌曾进入美国权威的《公告牌》杂志单曲排行榜前五名，也是他和美国传奇乡村艺人威利·纳尔逊（Willie Nelson）合作演唱的经典名曲。这首歌最早是由作曲人阿尔伯特·哈蒙德（Albert Hammond）于1975年录制的，但胡里奥与威利·纳尔逊的版本显然更为成功。

张明独家推荐

《鸽子》（*La Paloma*）

《鸽子》这首歌曲诞生于十九世纪五十年代末，由西班牙巴斯克地区的一位作曲家塞巴斯蒂安·依拉蒂儿（Sebastian Iradier）创作，风格偏向于产生于十九世纪西班牙的哈巴涅拉，最初流行于墨西哥。《鸽子》的版本超过一千个，是音乐史上录制最多的歌曲之一，而胡里奥的演绎是最具代表性的版本之一。

《当你说你爱我》（*When You Tell Me that You Love Me*）

这首创作于1991年的歌最初由美国老牌歌星戴安娜·罗斯（Diana Ross）演唱，之后有过很多不同的演绎版本，其中尤以胡里奥与美国传奇乡村歌手桃莉·帕顿（Dolly Parton）对唱的版本最深入人心。这个版本收录在胡里奥1994年的专辑《疯狂》（*Crazy*）当中，对唱与独唱相比不仅层次感更为丰富，而且男女合作，能够把情歌高潮时的激情四射表达得更加到位！

1993年5月，与胡里奥·伊格莱西亚斯合影

2018年4月17日，在上海新天地朗廷酒店采访结石姐，摄影：文二

"结石姐"杰西卡·艾伦·考妮许（Jessica Ellen Cornish）

2018年1月，"结石姐"因为加盟中国湖南卫视节目《歌手2018》勇夺总冠军而被很多乐迷所熟知。

她1988年3月27日出生在伦敦，十一岁就参加了西区音乐剧的演出。2010年，在签约了"共和唱片"（Republic Records）之后，她发行了自己的首张专辑，凭借一曲《价码牌》荣登十九个国家排行榜的榜首。之后她连续出击，很快就成为英国历史上第一位首张专辑总共有六首单曲打进排行榜前十的女歌手。2012年，她不仅应邀参加了英国女王钻喜庆典音乐会，还代表英国参加了伦敦奥运会闭幕式的表演。

在发行第三张专辑之前，她和A妹（Ariana Grande）、麻辣鸡（Nicki Minaj）合作的热门单曲《砰砰》红遍全球。截至2015年1月，她在全球的唱片销量达三百万张。

作为一名唱功非常厉害的歌手，"结石姐"善于将自己的灵歌唱腔与当代节奏与布鲁斯以及流行、嘻哈和电子流行舞曲等元素相互融合。2011年，她荣膺"BBC年度之声"称号。除此之外，她还活跃于英国的各类真人秀节目。到了2019年，她更是横跨欧亚大陆，活跃于各大音乐节。

成名作品：《价码牌》（*Price Tag*）

这是"结石姐"联袂美国说唱艺人 B.o.B 在 2011 年 1 月推出的一首热门单曲，也是她首张个人专辑《你是谁》（*Who You Are*）中的第二主打歌曲，中速的作品带有一点"雷鬼"音乐的味道。"结石姐"曾多次以此曲作为开场表演，该曲在 2012 年的全英音乐奖角逐中荣获"年度最佳单曲"提名。

张明独家推荐

《多米诺》（*Domino*）

这是 2011 年 8 月"结石姐"首张专辑中的第五主打单曲。在流行舞曲的框架下，"结石姐"以她惯有的高能量唱腔为我们奉献了一首电子流行摇滚作品。此曲也是她第二首在英国拿下单曲榜冠军的歌曲，在《公告牌》单曲榜上夺得第六名。

在接受采访时，"结石姐"表示，她经常聆听惠特尼·休斯顿和普林斯"王子"（Prince）的歌曲，一直希望创作一首融合两者唱腔，给人以轻松、振奋之感的作品。

《砰砰》（*Bang Bang*）

这是"结石姐"联合 A 妹与说唱歌手麻辣鸡在 2014 年 7 月推出的单曲，收录于她的第三张录音室专辑《甜蜜的谈话者》（*Sweet Talker*）中，曾在第五十七届格莱美奖角逐中获得"最佳合作演唱奖"提名。

有一种说法：此歌原本是交给 A 妹录制的，谁料 A 妹对结果并不满意，最终由唱片公司出面联合"结石姐"和"麻辣鸡"一起合作。但针对这一说法，"结石姐"并不认同，她认为这首歌曲的首唱是她自己而非 A 妹。不管谁是首唱，这首配合默契，展现各自非凡唱功的歌曲也是近期难得的一首三位女艺人联袂奉献的热门金曲。

2004年1月15日-16日，赴
香港采访并观摩诺拉·琼斯的
小型演唱会

诺拉·琼斯（Norah Jones）

　　有着英裔美国人和印度裔孟加拉人血统的诺拉·琼斯来自音乐世家，她的父亲是著名的西塔琴大师拉维·香卡（Ravi Shankar）。琼斯很小的时候就深受爵士乐的影响，还在高中念书时就获得了权威爵士乐杂志《重拍》（Down Beat）授予的"学生音乐大奖最佳爵士乐手"（Downbeat Student Music Awards）的称号。

　　除了爵士乐，琼斯对乡村音乐也怀有浓厚兴趣，她甚至将传奇乡村艺人威利·尼尔森（Willie Nelson）称作自己的导师。2002年，诺拉·琼斯发行了自己的首张专辑《远走高飞》，这张带着成人爵士乐抒情气息的专辑很快获得了巨大反响，年仅二十三岁的她凭借着自己的处女专辑，一举赢得了第四十五届格莱美年度最佳唱片、年度最佳专辑、年度最佳单曲、年度最佳新人等八项大奖，成为当年最大赢家，轰动全球乐坛。

　　从专辑的第一首歌《不知为何》开口的那一瞬间，听众的情绪很快便被这位拥有温柔、干净嗓音的歌者深深吸引。唱片里的每首歌虽然简单，但韵味独特，诗意般的歌词令人沉醉。从2002年发行第一张唱片到2019年4月发行个人第七张专辑《重新开始》（Begin Again），诺拉的全球唱片销量超过五千万，赢得过九座格莱美奖。权威《公告牌》杂志更是将她视为进入2000年之后，当今乐坛最为优秀的民谣爵士艺人。

2016年，琼斯还有幸与著名华人导演王家卫合作拍摄了影片《蓝莓之夜》，这也大大提升了她在华人圈的知名度。

成名作品：《不知为何》(*Don't Know Why*)

这首歌曲最早创作于1999年，作曲家杰斯·哈里斯（Jesse Harris）是一位荣获格莱美奖的著名制作人兼唱作歌手，他和诺拉·琼斯一直保持着非常密切的合作。在2002年发行的第一张专辑中，琼斯就再度演绎了这首作品，这一下为她赢得了"年度最佳单曲"在内的三项大奖。曼妙爵士韵味的迷人旋律配以诺拉温柔、干净的嗓音和极富诗意的歌词，一下子就抓住了听者的心。

张明独家推荐

《远走高飞》(*Come Away with Me*)

这首歌出自诺拉·琼斯的首张同名专辑，作为专辑的第三首单曲发行。不同于"忧郁音符"（Blue Note）这一品牌倡导的传统爵士乐风格，这首作品中，诺拉·琼斯加入了不少类似乡村民谣以及抒情布鲁斯的元素，整部作品听来清新浪漫，节奏舒缓，多少让人联想起当年"吉他之神"埃里克·克莱普顿（Eric Clapton）那张名噪一时的不插电专辑。

《那些甜言蜜语》(*Those Sweet Words*)

这首歌出自诺拉·琼斯2004年推出的专辑《家的感觉》(*Feels Like Home*)。虽然它的名气比不上主打歌《日出》(*Sunrise*)以及和传奇乡村艺人桃莉·帕顿（Dolly Parton）合作的《悄然进入》(*Creepin'In*)，但那种朗朗上口、悠然自得的旋律还是将诺拉追求的那种乡谣融合轻爵士的特色展现得淋漓尽致。

2004年1月16日，唱片公司代表祝贺诺拉·琼斯的唱片《展翅高飞》在亚洲大获成功

2005年5月12日，在上海锦沧文华酒店采访帕特里西亚·卡斯，摄影：新索音乐

帕特里西亚·卡斯（Patricia Kaas）

帕特里西亚·卡斯是当今世界最著名的法语流行女歌手之一。她虽然不属于我们所熟知的法国香颂派的女歌手，但她善于将流行、卡巴雷、香颂与爵士相结合，是法国最具有影响力的女艺人之一。

年轻时的帕特里西亚在不同场合表演唱歌。1985年，她得到法国著名男影星杰拉德·德帕迪约（Gerard Depardieu）的赞助，后者还专门为她制作过一首单曲《嫉妒》（*Jalouse*），虽然没有成功，却成功开启了她不凡的歌唱生涯。

自1988年她推出首张个人专辑《爱唱歌的姑娘》（*Madmoiselle Chante*）以来，她在全球的唱片销量达到了一千七百万。和一般法国歌星不同的是，从二十世纪九十年代中期开始，为了拓展美国市场，帕特里西亚敢于尝试，演绎了不少美国传奇爵士艺人如比莉·霍丽黛（Billie Holiday）的作品，并邀请著名制作人菲儿·拉蒙（Phil Ramone）在纽约为她精心打造歌曲，这也成了帕特里西亚歌唱生涯一个重要转折点。

除了唱歌以外，她还在2002年与英国著名影星杰瑞米·艾恩斯（Jeremy Irons）共同主演过电影《现在，女士们先生们》（*And Now...Ladies And Gentlemen*），并于2009年代表法国参加了欧洲电视歌曲大奖赛。

成名作品：《爱唱布鲁斯的姑娘》（*Mademoiselle Chante Le Blues*）

这是帕特里西亚涉足歌坛录制的第一首单曲，时间是1987年11月，当时在法国打进排行榜前十，这也是这位歌手音乐生涯最重要的歌曲之一。自从灌录的第一首歌曲《嫉妒》遭遇滑铁卢之后，帕特里西亚一直希望能和一名杰出的词曲创作人进行合作。最终她找到了迪迪埃·巴贝利维安（Didier Barbelivien），果然，他们首度合作就打造了一张非常成功的专辑，其中最抢眼的无疑就是这首歌曲。

━━ *张明独家推荐* ━━━━━━━━━━━━━━━━━━━━━

《从何开始》（*Where Do I Begin*）

在帕特里西亚的众多专辑中，《钢琴酒吧》（*Piano Bar*）是相当特殊的一张。她找来了最优秀的制作人之一罗宾·米拉（Robin Milar），以爵士风格演唱了不少法国香颂名曲，并大多以英文演唱。其中根据著名影片《爱情故事》（*Love Story*）主题旋律重新填词而成的《从何开始》经过帕特里西亚感性迷人的重新演绎，极富都市浪漫风情。

《篷车里的维纳斯》（*Venus Des Abribus*）

这首歌选自帕特里西亚首张专辑《爱唱歌的姑娘》，由法国著名影星杰拉德·德帕迪约的前妻，身为演员、作家兼制作人的伊丽莎白·迪帕迪约参与创作。1990年，香港"草蜢"因成功翻唱此歌，取名《半点心》，使得这首单曲被更多乐迷所知晓。

2004年1月8日，采访罗南·基汀，摄影：黄也芳

罗南·基汀（Ronan Keating）

　　罗南·基汀1977年3月3日出生于爱尔兰，是一位著名的创作歌手、音乐家兼慈善家。他入行时曾是红极一时的男孩偶像团体"男孩地带"（Boyzone）的核心成员。1999年，他开始寻求个人发展，至今出版了大约十张专辑。他的个人代表作应该是当年为电影《诺丁山》（Notting Hill）配唱的经典歌曲《当你一言不发》，这首单曲一发行就登上了几个国家的排行榜冠军。他个人单飞创下的唱片销量达两千万，而早年效力"男孩地带"时的销量为两千五百万。

　　2010年至2014年，他因参加了澳大利亚真人选秀节目开始受人关注，2016年更是由于加盟当地的《好声音》（The Voice）节目而聚集了大量人气。另外，他还一直热衷于慈善事业。1998年，在母亲因病去世之后，罗南专门筹建基金会，为乳腺癌患者提供帮助。多年来，这位知名歌手多次获得偶像杂志《爆棚金曲》（Smash Hits）评选的"年度最佳男艺人"称号，并在著名的海德公园为"王子基金会"进行表演。

　　罗南擅长演绎带有流行摇滚曲风的抒情恋歌，这类作品为他在亚洲带来了很高的人气。2019年6月，他携手昔日的"男孩地带"成员在中国上海、北京举办告别演唱会。

成名作品：《生活好似大转盘》（*Life is a Rollercoaster*）

2000年7月，罗南推出了他单飞后的首支单曲《生活好似大转盘》。这首单曲一推出，就火速称霸英国和爱尔兰两地的排行榜。那穿梭于流行及复古摇滚的旋律是由罗南与"激进小子"（New Radicals）主唱格雷格（Gregg Alexander）以及音乐制作人里克·诺威尔斯（Rich Nowels）共同谱写的，跳跃欢快的节奏充满了宜人的夏日风情。

—— **张明独家推荐** //////////////////////////////////

《当你一言不发》（*When You Say Nothing At All*）

这首创作于1988年的歌曲曾造就了歌坛的三位歌手：除了罗南以外，还有此歌的原唱、美国乡村歌手基思·维特利（Keith Whitley）和著名蓝草女艺人艾莉森·克劳斯（Alison Krauss）。

这首歌曲拥有优美的旋律和富有诗意的歌词。罗南的声音是如此温柔动人，歌曲经过他的翻唱，像是重新有了生命一般。2003年，罗南还邀请墨西哥女歌手鲍丽娜·卢比奥（Paulina Rubio）用西班牙语录制过一个男女对唱版本，同样精彩。

2004年1月8日，采访罗南·基汀，摄影：黄也芳

2013年3月3日，与亚当·兰伯特合影，照片提供：AEG China

亚当·兰伯特（Adam Lambert）

　　这是我采访过的唯一一位美国真人秀节目的选手。2009年，这位叫亚当·兰伯特的歌手在第八季《美国偶像》节目中脱颖而出，被视为冠军最大热门的他最终因为赛制以及本人公开出柜而错失冠军。尽管如此，他并没有气馁，而是靠着稳扎稳打的实力，终于在2009年11月发行了个人首张专辑，销售很快就突破了十九万八千张，他也凭借其中的一首单曲《你想问我要什么》首次获得格莱美奖最佳男歌手提名。

　　随着知名度的升温，这位富有争议的新生代歌手很快成了美国各大媒体争相报道的封面人物，之后他在本土以及欧洲、亚洲举办的一百十三场演出场场爆满。2012年，亚当发行了自己的第二张专辑《穿越》（Trespassing），很快就以七万七千张的发行量登上排行榜首位。值得一提的是，2012年9月，这位美国偶像出现在中国一档走红的真人秀节目《中国好声音》的舞台上，立刻圈粉无数。亚当随后趁热打铁，于第二年3月在奔驰文化中心举办了个人演唱会。

　　在卫星电视（Star TV）发起的一项评选中，他荣膺"最受欢迎的国际艺人"大奖。得奖后亚当的一次非同寻常的经历就是和英国著名的摇滚乐队"皇后"（Queen）进行了合作，他出色的现场发挥和超凡的歌唱实力赢得了众多乐迷的肯定。2019年对亚当而言同样值得纪念，因为就在2月24日举行的奥斯卡颁奖典礼上，他有幸和"皇后"乐队一起成为首支在这一电影颁奖礼担任开场表演嘉宾的艺人。

成名作品：《你想问我要什么》（*Whataya Want From Me*）

这是亚当·兰伯特首张个人专辑中的第二主打单曲，在十三个国家的排行榜上都打进了前十名。这首流行风格的摇滚歌曲由粉红佳人（Pink）联合麦克斯·马汀等著名音乐制作人共同创作，本来是前者打算收录在自己专辑里的作品，后来因故放弃。作为《美国偶像》的亚军，亚当在此歌中的表现可谓不负众望，可圈可点，极具"后街男孩"风格的《你想问我要什么》在他极具爆发力的演绎之下显得成色十足。

张明独家推荐

《鬼魂镇》（*Ghost Town*）

这是亚当第三张专辑《原始快感》（*The Original High*）中的主打歌曲，无论是从商业还是专业角度都取得了巨大成功。这也是他因理念分歧离开原东家RCA后推出的全新作品。与之前的歌曲相比，这首歌曲不再那么装模作样，富有太多戏剧性，反而显得更加成熟，主题却更加黑暗。在浩室音乐（House）占主导的今天，亚当在灵魂的唱腔与歌者华丽摇滚的外型之间找到了一种平衡。

2013年3月3日，亚当访沪演出时赠送的签名照片

2007年5月2日，代表中国内
地赴香港采访艾薇儿

艾薇儿（Avril Lavigne）

　　年少成名的艾薇儿十六岁就和"爱丽斯塔"（Arista）唱片公司签订了两张专辑的发行合约，价值两百多万美元。在2002年第一张专辑问世之后，她就以她"朋克滑板小精灵"的形象在青少年中大受欢迎。在很多人看来，她在音乐上获得的巨大成功也为之后流行朋克的进一步发展铺平了道路。

　　从发行首张专辑至今，艾薇儿在全球的专辑总销量达到四千万，单曲为五千万，成为了继席琳·迪昂、仙妮亚·吐温（Shania Twain）之后加拿大排名第三位的畅销女艺人。2004年，她出版的第二张专辑《酷到骨子里》（*Under My Skin*）以全球一千一百万销量成为她首次夺得美国权威《公告牌》杂志专辑榜冠军的作品。

　　2007年，艾薇儿在中国的知名度骤然上升。为此，唱片公司专门在她推出的新专辑《美丽坏东西》（*The Best Damn Thing*）中加收了她用多国语言演唱的主打单曲《女朋友》，这首作品果然让艾薇儿的歌唱事业到达巅峰。

　　从2009年之后，艾薇儿虽然以她和"魔数41"乐队的主唱德里克·惠布利（Deryck Whibley）以及"五分钱"乐队（Nickleback）的主音查德·克罗格（Chad Kroeger）之间的两段婚姻依然保持着较高的媒体曝光度，但由于她的音乐没有太多创新，总给人一种不温不火的感受。

2011年，艾薇儿离开了老东家，进入索尼唱片旗下的"史诗"厂牌（Epic）。之后，她推出了以自己的名字命名的全新专辑，其中的《拒绝长大》（*Here's to Never Growing Up*）、《摇滚至上》（*Rock N Roll*）以及《远走高飞》（*Let Go*）在单曲榜上依旧表现抢眼。尽管付出了十二万分的努力，但不少中国乐迷对她的印象还是定格在当年那个初出茅庐就桀骜不驯的"朋克小公主"上。2020年，为了声援抗击新冠疫情，艾薇儿将她重新灌录的单曲《斗士》（*Warrior*）得来的收入全部捐献。

成名作品：《超复杂》（*Complicated*）

这是艾薇儿推出的首支单曲，是仅次于2007年的单曲《女朋友》之后最成功的作品，曾荣获包括"年度最佳歌曲"和"年度最佳流行女歌手"两项格莱美奖在内的提名。据说在首张专辑录制的过程中，艾薇儿并没有按照老板的意图去录制一首乡村民谣风格的抒情歌曲，而是展现了她对吉他摇滚的狂热。不过当公司上层完整地审听完她的Demo小样后，都对这首作品赞不绝口，最后便决定将《超复杂》列为处女专辑的首波主打。

张明独家推荐

《女朋友》（*Girlfriend*）

此单曲出自艾尔薇最成功的专辑之一《美丽坏东西》中，自2007年2月7日在加拿大率先发行后，被录制成七种不同语言在全球发行，这大大提升了艾薇儿的全球知名度。这首歌曲在风格上依然是艾尔薇最擅长的流行朋克曲风，爵士鼓每分钟一百五十二次的节拍以及跨度超大的音域都注定这是一首与众不同的超能量流行曲（Power Pop）。

《到底怎么了》（*What the Hell*）

这是艾薇儿第四张专辑《再见，摇篮曲》（*Goodbye Lullaby*）中的主打歌曲，由著名的制作人麦克斯·马汀参与制作。这是一首充满流行朋克趣味的派对歌曲，风格与先前的《女朋友》颇为类似。艾薇儿曾在很多喜庆场合表演这首歌曲，以此表达自己对自由生活的追求。

2003年10月29日，在韩国
首尔采访"林肯公园"乐队

"林肯公园"乐队（Linkin Park）

　　"林肯公园"是来自美国加州的一支新金属乐队。1999年他们与华纳唱片公司签约后，很快出版了首张专辑《混合理论》（*Hybrid Theory*），一下子在主流市场爆红，专辑的销量达到惊人的两千四百万张。他们将重金属、英式摇滚、嘻哈、流行以及电子乐等多种元素互为融合的音乐尝试得到了乐迷的广泛认可，也创作了一种属于他们自己的独特声音。

　　紧接着，他们的第二张专辑《天空之城——美特拉》（*Meteora*）继续走红，勇夺权威《公告牌》杂志专辑榜的冠军。尽管之后的第三张专辑《末日警钟：毁灭·新生》（*Minutes to Midnight*）开始回归主流，但依然受到乐迷的青睐。凭借着签约华纳出版的头三张专辑，乐队很快成为二十一世纪全球最畅销、最具人气的新金属摇滚乐队。凭借着一亿的总销量，他们连夺两项格莱美、六项全美音乐奖以及四项MTV音乐大奖，2003年MTV2更是将"林肯公园"列为音乐录影带时代第六支最伟大的乐队称号。2007年11月，他们登陆上海虹口足球场，首度举办中国大陆演唱会，引发轰动！

　　除了演艺活动以外，"林肯公园"还助力于慈善事业，2005年他们创立了公益组织"Music For Relief"（MFR），2008年为四川地震灾区提供援助。2011年，他们获得了联合国基金会颁发的"全球领袖"奖。然而令人遗憾的是，自从2017年乐队主唱切斯特·本宁顿（Chester Bennington）自杀身亡后，乐队的发展陷入停滞，乐队的另一位核心人物迈克（Mike Shinoda）在采访中曾多次强调乐队还没有打算找一个新主唱来替代切斯特。

成名作品：《终局》（*In the End*）

这是"林肯公园"签约华纳后出版的第一张专辑《混合理论》中的第八首歌曲，也是专辑推出的最后一首单曲，却很快成为"林肯公园"最具标志性的歌曲。在乐队举办的现场表演中，它的表演频率排名第一。但很少有人知道，就是这首热门歌曲，最初却因为不受主唱歌手切斯特待见，差点没有被收录在专辑之中。

张明独家推荐

《我做了什么》（*What I've Done*）

此曲出自乐队的第三张专辑《末日警钟：毁灭·新生》（*Minutes to Midnight*）。作为首支单曲，它还成了2006年科幻大制作《变形金刚》的主题歌曲。该曲的歌名出自投放原子弹的飞行员看到爆炸后的一片废墟所惊呼的"我做了什么！"。作品风格也从新金属说唱转变为更加多元的摇滚风格，在第五十二届格莱美奖角逐中获得了最佳硬式摇滚表演奖提名。

2007年11月18日，主持"林肯公园"乐队新闻发布会，摄影：管一明

2012年9月25日，与"魔力红"乐队合影，照片提供：AEG China

"魔力红"乐队（Maroon 5）

　　"魔力红"乐队是一支来自美国加州洛杉矶的主流摇滚乐队，它的雏形是组建于1994年的"卡拉之花"（Kara's Flowers）。乐队首先在独立厂牌发行了一张专辑，随后又和"重奏"（Reprise）唱片公司签发了《第四世界》（*The Fourth World*），但市场反响平平。于是三位核心队员亚当·莱文（Adam Levine）、杰西·卡迈克尔（Jesse Carmichael）、米奇·梅登（Mickey Madden）和莱恩·杜西克（Ryan Dusick）重新回到校园。2001年，他们重新组合，招募了吉他手瓦伦丁（Valentine）组成"魔力红"，并发行了第一张专辑《致珍妮的情歌》（*Songs About Jane*），结果一举成名，获得2005年格莱美"年度最佳新人"称号。

　　新组建的乐队善于在主流摇滚构架下融合灵魂旋律及放克节奏，这种自成一派的风格在相当长的一段时间内备受乐迷推崇。或许是非常清楚歌迷的喜好，乐队在2007年发行的第二张专辑《着魔吗？久等了》（*It Won't be Soon Before Long*）更为成功，不仅登上了权威《公告牌》杂志专辑榜的首位，其中的单曲《着了魔》（*Makes Me Wonder*）更是获得了单曲榜冠军的好成绩。尽管在这之后，"魔力红"连续发行的专辑《爱不释手》（*Hands All Over*）以及《无所不在》（*Overexposed*）都缔造了很好的销量，但他们过多偏重流行舞曲风格，还是遭到不少乐迷的诟病。

2014年，"魔力红"与"新视镜"（Interscope）唱片签约，随后发行了第五张专辑《V》，专辑中的单曲《地图》（Maps）以及《动物之歌》（Animal Songs）都是电台里播放最频繁的歌曲，一时间"魔力红"的热门程度达到了巅峰。2017年，随着他们第六张录音室专辑《红蓝药丸》（Red Pill Blues）问世，乐队已经俨然成为主流摇滚乐坛最红的队伍。截至2014年8月，该乐队在全球的专辑销量已过两千万，单曲更是达到了惊人的七千万。从2020年2月23日起到9月17日，乐队启动了他们又一次大规模的乐队巡演。

成名作品：《这份爱》（*This Love*）

这是乐队首张专辑《致珍妮的情歌》中的第二主打单曲，由钢琴占据主导，加入不断重复的吉他演奏。歌曲的内容则围绕主唱歌手亚当·莱文与前女友分手的话题，据亚当说，创作这首歌的时候正是他的个人感情生活岌岌可危之时。作品流畅的旋律使它一出炉就打入了各大排行榜。

张明独家推荐

《贾格尔舞步》（*Moves Like Jagger*）

尽管"魔力红"偏离原定的布鲁斯摇滚风格曾遭到很多圈内人士的诟病，但必须承认这是一首非常精彩的电音节奏的迪斯科作品。其中主唱亚当与女歌手克里斯蒂娜·阿格莱拉配合非常默契，歌曲在榜单上的优异成绩也使后者成为继布兰尼·斯皮尔斯（Britney Spears）之后在二十世纪九十年代和二十一世纪前二十年都有冠军单曲进账的女艺人。

《甜心》（*Sugar*）

这是出自乐队第五张专辑《V》中的一首热门单曲。迪斯科节奏融合灵魂和放克元素，加之极富创意的音乐录影带拍摄（据说灵感来自喜剧电影《婚礼傲客》），使其获得第五十八届格莱美"最佳组合表演奖"的提名。

2003年8月4日，与瑞奇·马汀合影，摄影：上海文广新闻传媒集团

瑞奇·马汀（Ricky Martin）

瑞奇·马汀是波多黎各裔的国际知名歌手，也是二十世纪九十年代末席卷全球的拉丁流行风潮中的领军人物。虽然早在1991年他就开始了自己的独唱生涯，但他真正意义上获得世界范围的认可应该追溯到1998年法国世界杯，由他演唱的一曲《生命之杯》不仅响彻各大赛场，也很快登上了权威《公告牌》杂志的拉丁歌曲排行榜。

1999年，瑞奇·马汀趁热打铁地在第四十一届格莱美颁奖典礼上再度表演了此歌，由此开启拉丁音乐进入美国主流音乐市场的序幕。之后，瑞奇·马汀趁着歌曲的热度，推出了另一首作品《疯狂人生》，依然取得巨大成功。

2003年8月，这位拉丁歌王还应上海市人民政府新闻办以及文广传媒集团的邀请，访问上海新天地，并举办了一场盛大演出。从艺至今，瑞奇·马汀的全球唱片销量超过七千万，获得两座格莱美奖、五座拉丁格莱美奖、五座MTV音乐奖和三座Billboard音乐奖和八座世界音乐奖，是当之无愧的拉丁音乐大家族中最具影响力的艺人之一。

成名作品：《生命之杯》（*The Cup of Life/ La Copa De La Vida*）

这是瑞奇·马汀1998年3月9日推出的一首热门单曲，后来成为1998年法国世界杯的官方主题曲，也是公认的历年足球世界杯最受欢迎的主题歌曲。在第四十一届年度格莱美颁奖盛典上，瑞奇·马汀现场表演的这首歌曲曾轰动全球。即便是在世界杯之后，这首歌曲的影响力依然还在，歌曲中极为煽情的鼓乐节奏和号角奏鸣也使得该曲成为很多足球节目烘托气氛的首选曲目。

张明独家推荐

《疯狂人生》（*Livin' La Vida Loca*）

《疯狂人生》是瑞奇·马汀首张英文专辑里的第一主打单曲，发行于1999年3月23日。这首在风格上与《生命之杯》颇为类似的作品曾被公认为拉丁音乐进入美国主流音乐市场的开山之作，提升了瑞奇·马汀在英语国家的知名度。这首歌也是瑞奇·马汀第一首并未在传统标配录音棚内制作完成，却最终获得排行榜冠军的作品。

《玛利亚》（*Maria*）

这是瑞奇·马汀音乐生涯第三张个人专辑《半途而风》（*A Medio Vivir*）收录的一首作品，也是他第一首在国际上受到关注的歌曲。作品的风格偏向舞曲，带有浓郁的弗拉明戈色彩。

2003年8月4日，陪同瑞奇·马汀在浦东滨江大道欣赏外滩美景，摄影：上海文广新闻传媒集团

2005年1月12日，在罗杰娱乐宫（Rojam Disco）主持理查德·马克思粉丝见面会

理查德·马克思（Richard Marx）

如果是从二十世纪八十年代开始听欧美流行音乐的话，"理查德·马克思"这个名字是很难从记忆中被抹去的，因为他的那首抒情经典《在此等候》曾经影响了太多的歌迷，他也成了很多中国乐迷心目中的"情歌王子"。

理查德出生于美国伊利诺州的芝加哥，十七岁时因受到黑人歌星莱昂奈尔·里奇（Lionel Richie）的赏识开始了自己的职业生涯。他因为替著名乡村歌手肯尼·罗杰斯（Kenny Rogers）写歌而开始小有名气，后来又得到了和金牌制作人大卫·福斯特共事的机会。在去洛杉矶发展前，理查德曾向多家唱片公司寄出自己的演唱小样，但都遭到了拒绝，直到遇见了百代的老板布鲁斯（Bruce Lundavall）之后，他才开始时来运转。

八十年代末期到九十年代初期是理查德最巅峰的时期，他灌录的一系列单曲如《无尽的夏夜》（*Endless Summer Nights*）、《危险四伏》、《坚持到黑夜》（*Hold on to the Nights*）、《此时和永远》都大受欢迎，唱片总销量突破三千万。理查德非常擅长软摇滚曲式的情歌创作，他略带沙哑、深情款款的演唱令无数乐迷心动不已。

2004年2月，理查德·马克斯与黑人歌手路瑟·凡德罗斯（Luther Vandross）共同创作的歌曲《与父亲共舞》（*Dance with My Father*）获得格莱美奖年度歌曲奖。颁奖典礼上，理查德·马克斯与席琳·迪昂共同完成了这首歌的现场演出。虽然进入2000年，理查德的活跃度已呈下降趋势，但他依然在坚持创作，2020年2月7日推出了自己的全新创作《无底线》（*Limitless*）。

成名作品：《在此等候》（*Right Here Waiting*）

这首歌虽然出自于理查德·马克思1988年的第二张专辑《重犯》（*Repeat Offender*），却是为他赢得全球知名度的重要单曲。这是理查德在巡演途中给自己正在南非拍戏的演员妻子辛西娅·罗兹（Cynthia Rhodes）写的一首情歌，整个编排并没有采用当时最时髦的电子合成器或沉重鼓点，而是以古典吉他和键盘应和深情款款的人声，打动了无数乐迷的心。

张明独家推荐

《此时和永远》（*Now and Forever*）

这是理查德·马克思自己创作、制作和表演的一首经典情歌，也是为1994年好莱坞影片《赌命鸳鸯》（*The Gateway*）配唱的插曲。和《在此等候》颇为相似，这首抒情慢歌也是理查德献给自己太太辛西娅的，以此纪念两人的婚姻生活以及他们的三个孩子。

《危机四伏》（*Hazard*）

这是理查德·马克思1992年的一首软摇滚风格的热门歌曲。歌曲讲述了主人公与一个名叫玛丽的女子之间的感情纠葛，后者因为神秘失踪而令主人公成为主要嫌疑人。歌中，男人不断重申自己的无辜，这是一首很值得玩味的作品。

1999年1月，理查德·马克思首次访沪，接受张明专访

2013年8月18日，采访"金属制品"乐队成员拉尔斯·乌尔里奇和罗伯托·特罗西洛

"金属制品"乐队（Metallica）

　　曾经在2013年8月和2017年1月两度来中国的美国"金属制品"乐队绝对是现今重金属领域殿堂级的乐团。该乐队在1981年10月28日组建于美国加州的洛杉矶，大部分时间都驻扎在旧金山。

　　"金属制品"共四位成员，其中的创始成员为主唱兼吉他手詹姆斯·海特菲尔德（James Hetfield）和鼓手拉尔斯·乌尔里奇（Lars Ulrich）。由于他们擅长表演激流快速的音乐和富有侵略性的表演风格，乐队一组建，就在重金属界脱颖而出，与麦加帝斯（Megadeth）、"超级杀手"（Slayer）以及"炭疽"乐队（Anthrax）并称为"激流金属"（Thrash Metal）领域的"四大巨头"。

　　"金属制品"在早些年靠玩地下音乐起家，为此他们培养了大批的死忠歌迷。乐队的前四张专辑好评连连，特别是《傀儡大师》（Master of Puppets）被公认为"激流金属"最经典、最具影响力的专辑之一。1991年，他们以乐队名字为标题灌录的第四张专辑以更为纯粹的重金属风格火速占据主流市场，在商业上取得巨大成功，光是在美国的销量就超过了1600万。

　　在尝试和实验了多种不同曲风之后，乐队从第九张专辑起回归了"激流金属"风格，依然受到肯定。进入2009年，"金属制品"被收录于"摇滚名人堂"中。

迄今，这支老牌劲旅已经出版了十张录音室专辑、四张现场版专辑、一张翻唱作品集、五张EP、三十七首单曲碟和三十部MV，可以说在乐坛硕果累累。他们在二十三次格莱美提名中总共获得九座奖项。截至2018年，他们在全球的唱片销量总计一亿两千五百万张，对于一支重金属乐队而言这是很了不起的成绩。"金属制品"是一支在音乐性和商业性方面都备受肯定的超级金属乐队。

成名作品：《独自一人》（One）

这是"金属制品"乐队第四张专辑中的最后一首单曲，由乐队两位核心成员詹姆斯·海特菲尔德与拉尔斯·乌尔里奇共同创作。

这是一首反战歌曲，讲述了一次世界大战时，一位深受重伤的士兵向上帝祈求让他得以延续生命的故事。这也是"金属制品"乐队第一首打入美国单曲榜前四十的歌曲。在1989年第三十一届格莱美颁奖礼上，乐队现场表演了这首歌曲。第二年，他们就凭借此歌获得格莱美"最佳金属乐表演奖"，这也是格莱美首次设立此奖后的第一首得奖作品。

张明独家推荐

《直到入眠》（Until It Sleeps）

这是1996年"金属制品"乐队专辑《子弹上膛》（Load）中的一首歌曲，曾为乐队赢得MTV音乐录影带大奖的"最佳硬摇滚录影带奖"，也是他们进入主流摇滚排行榜的第一首冠军单曲。歌曲由詹姆斯·海特菲尔德创作，讲述了他母亲如何与癌症抗争的故事，其中的痛苦既涉及他对失去亲人的内心感受，也揭示了病痛给亲人带来的折磨。

2017年1月15日，采访"金属制品"乐队主唱詹姆斯·海特菲尔德（James Hetfield）

2010年12月6日，与"迈克
学摇滚"乐队三位成员合影

"迈克学摇滚"乐队（Michael Learns To Rock）

组建于1988年、来自丹麦的"迈克学摇滚"乐队（简称MLTR）应该是迄今为止在亚洲发展得最为成功的北欧流行演唱团队之一了，其唱片销量高达一千一百万。1993年，他们用英文演唱的《沉睡的孩子》（*Sleeping Child*）以及1995年发行的《胡椒把戏》（*Played on Pepper*）中所收录的《弃我而去，全因如此》成了他们打进中国市场的敲门砖。那极具斯堪的那维亚气息的清新风格与西洋流行风完美融合，柔似体温般热度的暖式情歌、舒服悦耳的旋律、温柔的和声很快占据了乐迷的心。

2001年，MLTR在上海万体馆成功举办了第一场演唱会，获得巨大成功。2004年，他们因为成功翻唱了香港歌手张学友最为经典的代表作《吻别》而红遍大江南北。2006年，这首歌以六百多万的下载量成了当年下载量最高的单曲，MLTR也获得第六届CCTV-MTV音乐盛典"国际年度最佳组合奖"。从此，这个由主唱沙沙（Jascha Richter）、鼓手柯尔（Kåre Wanscher）和乐手米格尔（Mikkel Lentz）组成的团队可谓无往不胜，成了中国众多音乐颁奖和相关活动的常客。2010年12月，MLTR再度来到中国，分别在北京、上海和广州举行了"不插电"演唱会。同年，他们发行了精选集，其中收录了李健《传奇》的英文翻唱版《童话故事》（*Fairy Tale*）。

当被问起他们为何会在亚洲取得如此成绩时，成员米格尔说："我们从来不跟随任何所谓的潮流，我们只追求自己最纯粹、最干净的声音，这就是为何我们乐队至今还健在的主要原因。"

成名作品：《演员》（*The Actor*）

这首发行于1991年8月26日的单曲选自"迈克学摇滚"首张同名专辑。作为该乐队亚洲巡演的保留曲目，极具流行R&B色彩的《演员》在丹麦、挪威、瑞士都取得了非常漂亮的上榜成绩。

张明独家推荐

《弃我而去，全因如此》（*That's Why You Go Away*）

作为大部分中国乐迷最早接触的"迈克学摇滚"的热门歌曲之一，这首《弃我而去，全因如此》是他们的第三张专辑《胡椒把戏》中的第二主打歌曲。作品描述了失去恋人后不能愈合心灵的创伤，歌曲感染力太强，让人听了不自觉地陷入歌者的悲伤中。1999年，由演员刘烨执导的银幕处女作《那人那山那狗》中也用了这首歌曲。

《让我靠近你的心》（*Take Me to Your Heart*）

《让我靠近你的心》是"迈克学摇滚"重组后演唱的一首抒情代表作，改编自殷文琦作曲、张学友演唱的歌曲《吻别》，收录于2004年2月5日发行的专辑中。此曲曾创下六百万有偿下载的纪录。

2001年11月8日，"迈克学摇滚"乐队首次访沪演唱会举办媒体见面会

2012年6月14日，在上海大舞台贵宾厅与杰森·莫拉兹合影

杰森·莫拉兹（Jason Mraz）

出生于1977年的杰森·莫拉兹来自美国弗吉尼亚州的列治文。作为崇尚素食主义的艺人，他的民谣曲风清新朴素，深受中国歌迷的爱戴。在纽约念大学期间，他一直热衷于以吉他创作歌曲，毕业之后还跑到圣地亚哥当起了街头艺人，和自称是"灵媒"的流浪汉成为心灵伙伴。1999年，他移居圣地亚哥，在那里的咖啡馆遇见了自己未来的团队伙伴托卡·瑞佛拉（Toca Rivera），两人的合作在网络上引发了不少关注。

2002年，杰森发行了自己的首张专辑，不过真正令他大红大紫的应该是他2008年问世的第三张专辑《我们歌唱，我们舞蹈，我们偷窃》（We Sing，We Dance，We Steal Things）。鉴于其中的主打歌《我是你的》大受追捧，专辑也因此热卖。紧接着，杰森趁热打铁，随后的一张专辑《爱是四个字母的单词》（Love is a Four Letter Word）也反响热烈，成了他迄今为止专辑榜成绩最好的作品。

到目前为主，这位擅长多种曲风的全能艺人已经荣获两项格莱美奖。截至2014年7月，他的专辑销量超过七百万，下载单曲量超过一千一百五十万。尼龙弦吉他奏出的温暖音色、极具巴西风格的轻松节奏和他不加任何修饰的纯朴演唱风格，虏获了无数乐迷的心！

成名作品：《补救（我并不担心）》（*The Remedy*［*I Won't Worry*］）

这是唱作歌手杰森·莫拉兹出版的首支单曲，讲述了他是如何因为好友查理身患癌症而改变了对生活的看法。该作品曾登上《公告牌》单曲榜的第十五位。和之后杰森追求的世界民谣曲风略有不同，这首歌基本保留了轻摇滚曲风，作品情绪流畅饱满，一气呵成，听来令人精神百倍！

张明独家推荐

《我是你的》（*I'm Yours*）

这是真正意义上杰森的代表作，选自他非常经典的第三张录音室专辑，曾获得第五十一届格莱美"年度最佳歌曲"和"年度最佳男歌手"提名。作品风格与冲浪民谣艺人杰克·约翰森（Jack Johnson）十分类似。花了十五分钟完成的作品带有一点雷鬼音乐的特质，又不失摇篮曲特有的温暖音色，是一首令人倍感清新的民谣佳作。

《我不放弃》（*I Won't Give Up*）

这是杰森第四张专辑《爱是四个字母的单词》中的第一首官方单曲，一首典型的木吉他曲式的流行民谣布鲁斯作品。主题依然是锲而不舍的对爱的追求，对梦想的执着和永不放弃。单曲一出炉便登上单曲榜排名第八的位置，成了《我是你的》之后的又一首热门畅销单曲。

1994年1月，与《音像世界》
资深编辑丁夏先生在上海银星
假日酒店采访阿隆·内维尔

阿隆·内维尔（Aaron Neville）

乐迷们经常用"天使的声音，魔鬼的脸庞"来形容这位长相比较彪悍、出生于爵士乐诞生地新奥尔良的著名歌手。自1960年推出自己的首支单曲《忘了你》（Over You）以来，阿隆共获得四张白金唱片和四首歌曲进入《公告牌》单曲榜前十名的成绩。

作为一位黑人歌坛的资深唱将，阿隆拥有无比温柔的声线。他真假声并用的歌喉和富有特色的震颤音演绎方法，在歌坛独树一帜。早在单飞之前，阿隆曾和同门兄弟组成"内维尔兄弟"（Neville Brothers）演唱组，该组合曾得到权威音乐杂志《滚石》的肯定。二十世纪八十年代单飞后，他主要以演唱流行、节奏布鲁斯或灵魂、爵士作品为主。

1989年，阿隆与女歌手琳达·朗斯苔特（Linda Ronstadt）成功合唱了一曲《无需知道得太多》（Don't Know Much），荣获格莱美奖，并被越来越多的中国乐迷所关注。阿隆·内维尔除了是一名优秀的歌手之外，还涉足影视和体育。2013年，著名的爵士厂牌"忧郁音乐"还专门出版了一张《我的真实故事》（My True Story），向年轻时代的阿隆致敬！

成名作品：《实话实说》（*Tell It Like It Is*）

这是1966年阿隆·内维尔录制的第一首个人热门单曲。2010年，这首歌曾被权威的《滚石》杂志列为"五百首最伟大歌曲"的第三百九十一名。歌中担任低音萨克斯管演奏的正是此歌的作曲者之一乔治·戴维斯（George Davis），歌曲带有浓浓的布鲁斯抒情风格。

张明独家推荐

《即便我的心要破碎》（*Even if My Heart Would Break*）

此歌收录在热门电影原声专辑《保镖》中，是阿隆·内维尔与著名流行萨克斯管演奏家肯尼·基合作的一首抒情歌曲。婉转悠扬的高音萨克斯管乐声与阿隆宛若天籁一般的真假人声完美融合，成为中国乐迷最喜爱的银幕情歌之一。

《每个人都会装傻》（*Everybody Plays the Fool*）

这首1971年发行、由"主要成分"（The Main Ingredient）组合灌录的单曲曾荣获格莱美年度最佳节奏与布鲁斯歌曲提名。1991年，该曲经过阿隆·内维尔的翻唱后，很快荣登《公告牌》单曲榜前十名。这是阿隆继《实话实说》和《无需知道得太多》两首热门歌曲之后第三首进入单曲榜前十名的歌曲。

2017年9月27日，在 上 海
奔驰文化中心与"一体共和"
乐队合影，照片提供：AEG
China

"一体共和" 乐队（One Republic）

因一首《抱歉》而被国内乐迷所熟悉的"一体共和"乐队2003年组建于美国的科罗拉多。他们的核心成员莱恩·泰德（Ryan Tedder）因擅长多种乐器且为多位歌坛大咖创作歌曲而声名鹊起。2007年，乐队发行了首张专辑《勇敢梦》（Dreaming Out Loud），五天之内，其国际总销量就达一千七百万张，其中的主打歌曲《抱歉》在全球十六个国家的音乐排行榜都获得冠军。2009年11月，乐队发行了他们的第二张专辑《苏醒》（Waking Up），人们一直认为该专辑比首张专辑《勇敢梦》更加富有活力，但依然保留了不亚于《勇敢梦》那样的抒情慢歌。

2013年3月和2016年的10月，"一体共和"乐队又分别发行了专辑《原始天性》（Native）和《哦，我的我的》（Oh My My），依然大受好评。无论是横扫全球排行榜的《数星星》还是《无论我去哪里》（Where I Go），都达到了惊人的破亿点播次数。2021年，乐队发行了第五张录音专辑《人类》（Human）。迄今为止，该乐队已经在全球创下了超过一千六百万张唱片的总销量，其风靡程度略见一斑。

谈及"一体共和"乐队的音乐路线，主唱莱恩多次强调：我们不属于任何的流派，如果这是一首好歌，或是一位出色的歌者，无论它属于摇滚、流行还是地下、嘻

成名作品：《补救（我并不担心）》（*The Remedy*［*I Won't Worry*］）

这是唱作歌手杰森·莫拉兹出版的首支单曲，讲述了他是如何因为好友查理身患癌症而改变了对生活的看法。该作品曾登上《公告牌》单曲榜的第十五位。和之后杰森追求的世界民谣曲风略有不同，这首歌基本保留了轻摇滚曲风，作品情绪流畅饱满，一气呵成，听来令人精神百倍！

张明独家推荐

《我是你的》（*I'm Yours*）

这是真正意义上杰森的代表作，选自他非常经典的第三张录音室专辑，曾获得第五十一届格莱美"年度最佳歌曲"和"年度最佳男歌手"提名。作品风格与冲浪民谣艺人杰克·约翰森（Jack Johnson）十分类似。花了十五分钟完成的作品带有一点雷鬼音乐的特质，又不失摇篮曲特有的温暖音色，是一首令人倍感清新的民谣佳作。

《我不放弃》（*I Won't Give Up*）

这是杰森第四张专辑《爱是四个字母的单词》中的第一首官方单曲，一首典型的木吉他曲式的流行民谣布鲁斯作品。主题依然是锲而不舍的对爱的追求，对梦想的执着和永不放弃。单曲一出炉便登上单曲榜排名第八的位置，成了《我是你的》之后的又一首热门畅销单曲。

1994年1月，与《音像世界》资深编辑丁夏先生在上海银星假日酒店采访阿隆·内维尔

阿隆·内维尔（Aaron Neville）

乐迷们经常用"天使的声音，魔鬼的脸庞"来形容这位长相比较彪悍、出生于爵士乐诞生地新奥尔良的著名歌手。自1960年推出自己的首支单曲《忘了你》（*Over You*）以来，阿隆共获得四张白金唱片和四首歌曲进入《公告牌》单曲榜前十名的成绩。

作为一位黑人歌坛的资深唱将，阿隆拥有无比温柔的声线。他真假声并用的歌喉和富有特色的震颤音演绎方法，在歌坛独树一帜。早在单飞之前，阿隆曾和同门兄弟组成"内维尔兄弟"（Neville Brothers）演唱组，该组合曾得到权威音乐杂志《滚石》的肯定。二十世纪八十年代单飞后，他主要以演唱流行、节奏布鲁斯或灵魂、爵士作品为主。

1989年，阿隆与女歌手琳达·朗斯苔特（Linda Ronstadt）成功合唱了一曲《无需知道得太多》（*Don't Know Much*），荣获格莱美奖，并被越来越多的中国乐迷所关注。阿隆·内维尔除了是一名优秀的歌手之外，还涉足影视和体育。2013年，著名的爵士厂牌"忧郁音乐"还专门出版了一张《我的真实故事》（*My True Story*），向年轻时代的阿隆致敬！

1997年1月29日，与汤米·佩奇在录音棚合影

汤米·佩奇（Tommy Page）

汤米·佩奇1970年生于美国的新泽西州，1985年曾和自己的兄弟比尔（Bill Page）组建过自己的乐队。早在十六岁那年，因为在纽约一家夜总会担任衣帽间服务生，他结识了一名DJ，自己作品的Demo带经常被该DJ用作打碟素材。久而久之，汤米的音乐才华引起了"阁下"（Sire）唱片公司的注意。1988年春天，汤米和该唱片公司签约，同年在亚洲推出他的同名专辑，其中的单曲《哭泣的肩膀》在年轻人中引起轰动，成为传唱度极高的作品。

紧接着1990年，他的第二张个人专辑《脑海里的图画》（*Paintings in My Mind*）又诞生了一首全美冠军单曲《我是你的一切》，由此他的影响力开始波及整个亚洲。1992年，汤米还有幸与香港地区的著名女歌手叶倩文合作推出了《一直梦见你》（*I'm Always Dreaming Of You*）。1997年，他来到中国，推广他的专辑《爱你》（*Loving You*）。

除了职业歌手的身份以外，从2011年开始，汤米·佩奇还在华纳唱片公司任职，并加盟美国《公告牌》杂志担任发行人。2017年3月3日，四十六岁的汤米在自己的住宅内自杀身亡，引发乐迷无限惋惜之情。

时间，因为与娱乐公司 Roc Nation 发生的法律纠纷，瑞塔的演唱事业有过短暂的停滞，但很快于 2017 年加盟新东家，推出首支单曲《你的歌》（*Your Song*）。随后的一年，其全新专辑《菲尼克斯》（*Phoenix*）也顺势火热出炉，其中的单曲《让我爱你》（*Let Me Love You*）打破了尘封三十年的纪录，让她成为超越女歌星雪莉·贝西（Shirley Bassey）和佩图拉·克拉克（Petula Clark）的拥有前十名单曲数量最多的英国女歌手！总体来看，瑞塔的音乐事业有点"高开低走"的迹象。

成名作品：《派对》（*How We Do Party*）

这是瑞塔·奥拉音乐生涯的第一首单曲，在英美及欧洲其他国家都顺利打进排行榜。这是一首流行与节奏布鲁斯（R&B）风格兼容的歌曲，原名叫《派对和狗屁》（*Party and Bullshit*），听觉上与水果姐（Katy Perry）的《上一个周末之夜》（*Last Friday Night*）和结石姐的《多米诺》（*Domino*）有点类似。

张明独家推荐

《我不会让你失望》（*I Will Never Let You Down*）

这是瑞塔·奥拉在三年之内获得的第四首全英冠军单曲，也是她和曾经的男友、著名英国 DJ 凯文·哈里斯（Calvin Harris）合作的单曲。这首歌曾作为瑞塔为某知名化妆品代言的广告歌，率先曝光于 2014 年的全英音乐奖颁奖典礼。瑞塔本人曾将这首 R&B 与流行舞曲相融合的歌曲比作 1985 年惠特尼·休斯顿的成名金曲《我怎么知道》（*How Will I Know*）。

2015 年 12 月 18 日，在上海浦东柏悦酒店采访瑞塔·奥拉，摄影：索尼唱片

2015年12月18日，在上海浦东柏悦酒店采访瑞塔·奥拉，摄影：索尼唱片

瑞塔·奥拉（Rita Ora）

英国创作兼演员歌手瑞塔·奥拉1990年11月26日出生于科索沃的普里什蒂纳。拥有阿尔巴尼亚血统的她1991年便随着父母一起搬到了伦敦居住，2009年参加了欧洲电视大奖赛。就在这一年，她在星探的引荐下认识了音乐界大佬Jay–Z，很快透过社交媒体上发表的一段与DJ Fresh合作的音乐录影《此刻如此火热》（Hot Right Now）被乐迷所熟知。凭借着自己在2012年陆续发表的几首单曲，如《安息》（R.I.P）、《派对》（How We Do Party）等，她顺理成章地成为该年度英国单曲榜上获得冠军最多的女歌手。随后的2013年，她获得了众多全英音乐奖的提名。

形象姣好的瑞塔在2013年曾短暂演出了《速度与激情6》中的赛车女郎一角，随后还在电影《五十度灰》中小试锋芒。2014年5月19日她发行的歌曲《我不会让你失望》，使她收获了个人在英国榜中的第四首冠军单曲。同年8月13日，她与澳大利亚说唱女歌手伊基·阿塞莉娅（Iggy Azalea）合作的单曲《黑寡妇》（Black Widow），让她拥有了第一首进入美国《公告牌》单曲榜前十的作品。

2015年2月22日，瑞塔·奥拉登上了举世瞩目的奥斯卡颁奖礼舞台，表演了电影《灯光之外》（Beyond the Lights）的主题曲《感激》（Grateful）。尽管在随后的一段哈，它们在某种程度上都会对我们产生影响。太阳底下无新旧可言，我们都是某一特定的组成部分。真正希望这支一人主导的流行摇滚乐队能在打造一系列畅销作品的同时，也能带动自身人气，成为真正的一线天团。

成名作品：《抱歉》（*Apologize*）

尽管这是"一体共和"录制的处女单曲，但创作人即乐队的主唱莱恩·泰德（Ryan Tedder）为自家首张专辑写的这首作品一出炉就成为各大电台媒体的"宠儿"，获得了极高的曝光率。基于一周超过一万播放量的缘故，它成为"主流榜前四十"（Mainstream Top 40）的历史上播放量最高的歌曲，并获得格莱美"年度最佳组合表演奖"的提名。《抱歉》的混音版本被收入提姆巴兰（Timbaland）的第一张专辑。作为一首抒情摇滚风格的作品，歌曲的旋律都不错，让人很容易就能接受。

张明独家推荐

《数星星》（*Counting Stars*）

这是乐队第三张专辑《原始天性》中的第三主打单曲。作为他们最为成功的热门畅销金曲，作品一问世就登上了包括加拿大、英国在内的许多国家排行榜的首位。主唱莱恩·泰德在采访时说，这是他在等待碧昂丝来录音棚录歌的间隙完成的歌曲。在风格上，《数星星》是一首偏向民歌摇滚的流行小曲，在节奏上与迪斯科十分相似。当夜间我们躺在床上，为一日的生计开始盘算之时，或许数星星是一种进入放松状态的有效方法。

《爱已耗尽》（*Love Runs Out*）

这首歌同样出自《原始天性》，也是《摔跤狂热35》的官方主题歌曲之一。每分钟一百二十拍的节奏营造出类似进行曲似的歌曲构架，主唱莱恩从超宽广的音域跨度，也让整首歌曲激情昂扬，充满斗志！

成名作品：《哭泣的肩膀》(*A Shoulder to Cry On*)

这首歌出自汤米于1988年发行的第一张同名专辑，据说是为自己的一个失恋的好友特别创作的。歌曲中，初次涉足歌坛的汤米展示了他过人的唱功和创作能力，同时该作品也成为他早期音乐生涯里最负盛名的歌曲之一。

张明独家推荐

《我是你的一切》(*I'll Be Your Everything*)

此歌是汤米与八十年代末红遍全美的男孩偶像组合"新街边仔"（New Kids on The Block）成员乔丹·奈特（Jordan Knight）和丹尼·伍德（Danny Wood）携手创作的，也是一首旋律极佳的抒情歌曲，曾在1990年4月荣登权威《公告牌》杂志单曲榜的冠军位置。歌曲中，"新街边仔"还担任了这首歌曲的和声和伴唱。

1997年1月29日，汤米·佩奇造访电台和张明一同录制节目

1997年11月，与时任电台
《世界音乐星空》编辑周晓方、
"神秘园"乐队合影，摄影：
李倩萍

"神秘园"乐队（Secret Garden）

　　尽管早在1995年，由爱尔兰小提琴家兼歌手芙露娜·雪莉（Fionnuala Sherry）和挪威作曲家、编曲人兼钢琴家罗尔夫·洛夫兰德（Rolf Lovland）组成的"神秘园"就已经凭借着一曲《夜曲》在欧洲电视歌曲大奖赛（Eurovision Song Contest）上一举夺冠，引发国际关注，但他们真正在中国走红还是在两年以后。

　　作为在新古典音乐领域驰骋二十多年的双人组合，神秘园至今的唱片销量已达三百万，共发行了九张录音室专辑。1997年，"神秘园"带着他们的第二张专辑《白石》（White Songs）由香港环球唱片公司首次引入中国。他们的首次拜访虽然只进行了一些小规模的表演，但所到之处皆引发了不小的轰动。同年11月，他们作为第六届上海国际广播音乐节开幕式的表演嘉宾再次来到中国，并在上海举行了一次大规模的演出，让近万名观众一饱耳福。两位艺术家将爱尔兰传统音乐与现代电子合成器相融合，为人们营造出一种舒适曼妙、缠绵浪漫的意境。可以说，也就是从"神秘园"开始，跨界音乐（Crossover）、"新世纪"音乐（New Age）与"新古典"（Neo-classical）结合的器乐组合开始受到越来越多爱乐者的青睐。

成名作品：《夜曲》（*Nocturne*）

这首作品是"神秘园"1995年欧洲电视歌曲大奖赛的夺冠曲目，也是该奖项有史以来第一首夺冠的器乐作品。整首乐曲轻柔舒缓，充满着追忆和些许愁绪的意味，乐曲的开场是一段犹如天籁的女声吟唱，来自挪威女歌手甘尼尔德（Gunnhild Tvinnereim），人声刚落，成员雪莉开始奏响她美妙的小提琴间奏，给人以清新脱俗之感。

张明独家推荐

《你鼓舞了我》（*You Raise Me Up*）

这是神秘园2002年3月发行的一首单曲，应该是中国乐迷最为熟悉的一首神秘园的作品了。该曲的旋律由组合键盘手罗尔夫·洛夫兰德完成，而歌词则来自他本人非常欣赏的一位爱尔兰词曲作者兼小说家布兰登·格莱厄姆（Brendan Graham）。

这首作品最初问世的时候只是一首名为《沉默的故事》（*Silent Story*）的器乐曲，之后由于罗尔夫无意中读到了布兰登的小说，对后者的才华赞赏不已，便专门拜访，特别邀请他为这首器乐曲填词，于是才有了《你鼓舞了我》这首歌曲。该曲第一次表演是在罗尔夫母亲的葬礼上，领唱部分原先拟定邀请爱尔兰著名男歌手约翰尼·罗根（Johnny Logan），后来因故改为歌曲唱作人、来自贝尔法斯特的布莱恩·肯尼迪（Brian Kennedy）。数位艺术家之间默契的配合很快令该作品成了一首英国畅销单曲。随后，著名歌手乔许·葛鲁本（Josh Groban）、"西城男孩"组合等相继翻唱此曲，这也成了"神秘园"在世界范围内知名度最高的作品。

1997年11月，"神秘园"乐队在上海音乐厅举行歌迷见面会，摄影：张慧中

2015年3月7日，与艾德·希兰合影，摄影：AEG China

艾德·希兰（Ed Sheeran）

第一次听到艾德·希兰的歌声，我就被他那饱满深情的民谣曲风深深吸引了。那是一首名为《A咖一族》的歌曲，灵感来自歌者在一家无家可归者收容所听到的故事。朴素的旋律下深情款款的演绎，从此我就记住了这位被中国乐迷亲切地称作"黄老板"的歌手。

艾德·希兰1991年2月17日出生于英格兰西约克郡的哈利法克斯，凭借第一张个人专辑就荣获全英音乐奖和格莱美奖提名。尽管有诸多荣誉在身，"黄老板"真正在全球走红得益于他参与美国当红女歌手泰勒·斯威夫特（Taylor Swift）的专辑《红》的创作与录制。之后，他还应邀担任泰勒·斯威夫特2013年北美巡演的开场嘉宾。然而，一切仅仅是开始。

2014年，"黄老板"凭借他的第二张专辑《乘法》（X）一下子爆红。专辑中的主打歌曲之一《自言自语》（Think out Loud）让他很快立足美国乐坛，一下子荣膺两项格莱美大奖。到了2017年，高产的"黄老板"凭借专辑《除法》（÷）空降英美两地排行榜获得冠军。这张专辑也成为英国流行乐历史上拥有最多前十名畅销单曲的专辑，其中的单曲《你的样子》《完美》在全球风靡一时，也大大提升了"黄老板"在中国的知名度。

在第四张专辑《第六合作项目》（No.6 Collaborations Project）发行之后，"黄老板"

的全球唱片销量已经超过一亿五千万张，成为当今最畅销的艺术家之一。2020年8月19日，"黄老板"正式宣布他的第五张录音室专辑《等于》（＝）于同年10月29日发行。

成名作品：《A咖一族》（*The A Team*）

这是艾德·希兰涉足歌坛录制的第一首单曲，钢琴、人声以及吉他构成了此歌的全部。典型的民谣曲风，朴素中蕴含着深刻的社会主题，与苏珊娜·维加（Suzanne Vega）当年的名曲《卢卡》（*Luka*）以及黑人歌手特雷西·查普曼（Tracy Chapman）的《快车》（*Fast Car*）十分类似。

张明独家推荐

《你的样子》（*Shape of You*）

这是"黄老板"2017年个人第三张专辑中非常出挑的一首热门单曲，带有些许舞曲性质的作品一出炉就拿下了三十四个国家排行榜的冠军，由此成为2017年度最成功的单曲，全球销量达到惊人的一千四百九十万张，在第六十届格莱美奖角逐中荣膺"最佳个人流行表演"奖。据"黄老板"透露，这首歌曲最初是为蕾哈娜（Rihanna）度身打造的，最后在唱片公司的建议下，艾德·希兰还是自己完成了演唱。

《完美》（*Perfect*）

此歌同样来自"黄老板"2017年的专辑《除法》，曾同时荣登英美两地单曲榜冠军宝座。在发行单唱版本之后，同年年末，"黄老板"还推出了自己与当红黑人歌手碧昂丝（Beyonce）以及意大利盲人歌唱家安德烈·波切利（Andrea Bocelli）的对唱版本。为了写出自己音乐生涯的最佳情歌，"黄老板"也是全情投入。果然，这首《完美》成了他驰骋歌坛最好的注解。

2015年3月7日，在上海奔驰文化中心采访艾德·希兰，摄影：AEG China

2003年11月2日，英国歌星
斯汀在香港出席新专辑发布会
时接受张明采访

斯汀（Sting）

　　作为二十世纪七十年代末期至八十年代初期英国新浪潮时期著名的"警察"乐队
（The Police）的核心人物，斯汀自1985年开始单飞生涯起，就注定是流行歌坛一位不
可多得的全才型音乐人。他先后获得过十七项格莱美奖、三项英国音乐大奖、一座金
球奖、一座艾美奖和四次奥斯卡奖提名。值得一提的是，2019年，他所在的"警察"
乐队当年录制的《你的每一次呼吸》还获得了由发行人和词曲创作人发起的BMI大
奖，以表彰该首作品成为电台历史上播放次数最多的歌曲。

　　纵观斯汀的个人单飞生涯，他1985年灌录的处女专辑《蓝海龟之梦》（The Dream of
Blue Turtles）就问鼎《公告牌》杂志专辑榜冠军达六周之久。此后，他推出的一系列作
品如《无与伦比的太阳》（Nothing Like The Sun）、《心灵牢笼》（The Soul Cages）、《十个布道
者的传说》（The Summers Tales）、《神圣爱情》（Sacred Love）都获得圈内外的一致认可。

　　在探索音乐的道路上，多才多艺的斯汀不断进行着各种音乐类型的尝试，无论是
摇滚、爵士、雷鬼还是古典、新世纪甚至世界音乐，他都能将之完美融合在自己的音
乐创作中。2002年，他因成就突出而进入"英国唱作人名人堂"。从"警察"乐队到
单飞，斯汀以全球总销量超过一亿的傲人成绩，成为最受欢迎的音乐人之一。除了音
乐事业以外，斯汀作为公众人物，还积极参与拯救雨林等公益事业。

成名作品：《你的每一次呼吸》（*Every Breath You Take*》

严格来讲，这并非斯汀单飞时的代表作，而是他所在的"警察乐队"（The Police）1983年发行的专辑《同步状态》（*Synchronicity*）中的一首由他本人创作的单曲，也是那一年全美和全英最受欢迎的作品。鉴于斯汀在乐队中绝对的核心地位，许多人几乎将此歌与斯汀等同起来，中国歌迷接触斯汀十有八九都是从此歌开始的。歌曲创作时正值他与曾是演员的第一任妻子弗朗西斯·托美蒂（Frances Tomelty）开始分居，并与妻子的好友，也是他现任太太特鲁迪·斯泰勒（Trudie Styder）开始一段新的恋情。

张明独家推荐

《在纽约的英国人》（*Englishman in New York*）

这是斯汀1987年第二张个人专辑中的热门单曲，其中的"英国人"指的就是具有同性恋身份的英国知名作家与表演家昆汀·克里斯普（Quentin Crisp）。有感于此人离开伦敦移居纽约曼哈顿，斯汀特别创作了这首歌曲。其中由爵士乐大师布伦福德·马萨利斯（Branford Marsalis）演奏的高音萨克斯管是一大亮点。

《金色的田野》（*Fields of Gold*）

这是斯汀1993年的专辑《十个布道者的传说》中的一首单曲。作为斯汀最著名的单曲，此曲有过许多翻唱版本。在歌中，斯汀向我们描述了十六世纪英国维尔特郡夏日田野的美丽景色，其中由布兰顿·鲍尔（Brendan Power）演奏的口琴和凯瑟琳·蒂柯尔（Kathryn Tickell）演奏的诺森伯兰小风笛给整首乐曲增添了浓浓的乡村情怀。

《心的形状》（*Shape of My Heart*）

此曲同样收录于斯汀的专辑《十个布道者的传说》，之后被用作1994年法国影星让·雷诺（Jean Reno）主演的电影《这个杀手不太冷》中的片尾曲。此曲十分巧妙地将纸牌中的四种花色梅花、方块、黑桃、红桃与权力、金钱、武力、心相对应，一语双关，为我们呈现出了一名杀手孤独的内心。配合上斯汀低沉略带沙哑的声音，此曲被演绎得完美贴切。

2003年2月3日，采访"山羊皮"乐队低音贝斯麦特·奥斯曼和吉他手理查德·欧克斯

"山羊皮"乐队（Suede）

　　"山羊皮"是一支组建于1989年的英国摇滚乐队，因为出道首张专辑就获得英国著名的"水星"（Mercucy Music Prize）音乐大奖的肯定，它顿时吸引了全体音乐界的关注。

　　1994年，在"山羊皮"的第二张专辑《犬人星》（*Dog Man Star*）问世以后，他们的名气已经到了登峰造极的地步。这张旷世巨作不仅展现了他们有别于其他英式摇滚乐队的发展路线，更是将华丽和鬼魅妖娆推到极致。主唱布莱特·安德森（Brett Anderson）性感的嗓音和中性风格令"山羊皮"的病态之美不断趋于成熟，为他们赢得了大量的粉丝的爱戴。

　　令人可惜的是，由于在录制过程中，主唱布莱特与吉他手伯纳德·巴特勒（Bernard Butler）分歧不断，导致后者最终离队。1996年，伴随着吉他手理查德·欧克斯（Richard Oakes）与键盘手尼尔·考德林（Neil Codling）的加入，新组合的"山羊皮"连续发行了《随之而来》（*Coming Up*）和《头号音乐》（*Head Music*），都在商业上取得了巨大成功。

　　2003年，乐队一度解散，直到2010年才重归舞台。但时过境迁，随着"酷玩"

（Coldplay）乐队的崛起，"山羊皮"渐渐淡出了乐迷的视线。

成名作品：《溺死者》（*The Drowners*）

这是"山羊皮"1992年发行的首支单曲，虽然并未即刻成为排行榜上的热门单曲，但却吸引了乐迷的高度关注。乐队为此分别在英国和美国市场拍摄了两支全然不同的音乐录影带。略微刺耳的音效配以伯纳德·巴特勒极具撞击力的吉他演奏和主唱布莱特高调的吟唱，似乎再现了大卫·波依（David Bowie）戏剧性的表演张力。此曲曾被英国著名的音乐杂志《新音乐快递》（*NME*）和《旋律制造者》（*Melody Maker*）评为当年的"年度最佳单曲"。

张明独家推荐

《金属米奇》（*Metal Mickey*）

这是"山羊皮"乐队灌录的第二首单曲，发行于1992年9月14日。歌曲的灵感来自著名艺人雪儿（Cher）为1990年的电影《美人鱼》（*Mermaids*）演唱的歌曲《肖普肖普之歌》（*The Shoop Shoop Song*）。其风格与"奇想"乐队（The Kinks）以及大卫·波依的摇滚曲式非常相似，听了叫人忍不住摇头和踩脚，独具俱乐部摇滚味道。

《美丽事物》（*Beautiful Ones*）

这是"山羊皮"1993年发行的热门单曲。因为换了新的吉他手理查德·欧克斯，乐队的曲风偏向流行。很少有人知道，这首单曲原名叫《死腿》（*Dead Leg*），源自贝司手麦特·奥斯曼（Mat Osman）对理查德说的一句玩笑话："如果你写出一首排行榜十佳"歌曲，我就给你一条死腿！"歌曲融合了舞曲、独立摇滚和流行色彩，是该乐队传唱度最高的作品之一。

2013年3月24日，采访"海滩男孩"乐队成员迈克·勒夫和布鲁斯·强森，摄影：Giulia Zhu（梅塞德斯奔驰文化中心）

"海滩男孩"乐队（The Beach Boys）

组建于1961年的"海滩男孩"乐队是起源于美国加州南部的"冲浪音乐"（Surf Music）的代表性乐队。而所谓的"冲浪音乐"是冲浪文化与摇滚乐结合的产物，在二十世纪六十年代初期非常盛行。"海滩男孩"最终通过独立唱片发行了名为《冲浪》的单曲，开始在歌坛小有名气。

1962年，这支由威尔森兄弟，即布莱恩·威尔森（Brian Wilson）、丹尼斯·威尔森（Dennis Wilson）、卡尔·威尔森（Carl Wilson）和表兄迈克·勒夫（Mike Love），以及他们的朋友艾尔·贾丁（Al Jardine）为主要班底的乐队与"国会"（Capitol）唱片公司签约。以"车库乐队"（Garage Band）起家的一群年轻人以"冲浪""跑车"和"罗曼蒂克"等音乐主题以及特有的冲浪摇滚辅以多层次优美和声的表演风格，在当时的年轻人中广受欢迎。1966年，他们以经典专辑《宠物之声》（Pet Sounds）以及热门单曲《美好心情》（Good Vibrations）登上了职业生涯的巅峰。

成军初期，依仗核心成员布莱恩·威尔森极富创作力和想象力的创作，该乐队不断推陈出新。即便是后来因为健康原因，布莱恩退居二线，乐队改由卡尔·威尔森执掌，他们前进的步伐也从来没有停歇。不幸的是，1983年，随着主要成员丹尼斯·威尔森不幸溺水身亡以及布莱恩·威尔森的离开，乐队经历了一段非常困难的时期。到了1998年，掌门人卡尔·威尔森又因肺癌去世，后来"海滩男孩"基本属于勒夫率领的团队，而原始成员布莱恩与贾丁除了官方名义已经基本脱离。尽管如此，"海滩男孩"这支曾经缔造超过一亿销售纪录的团队依然是美国流行乐历史上最伟大的乐队之一。他们力求精致到位的编曲、注重吉他与和声的表现以及在录音技术上带来的创新都对后世摇滚乐队产生了重要的影响。

成名作品：《冲浪》(*Surfin'*)

这是"海滩男孩"主要成员布莱恩·威尔森与迈克·勒夫创作的一首歌曲，1961年11月作为乐队的首支单曲正式发行。作为起步作品，这首歌曲定义了什么才是"加州之声"(California Sound)。根据布莱恩的回忆，当初他的兄弟丹尼斯从海滩回来，提及了冲浪在当地的风靡，提议乐队写一首冲浪主题的歌曲。没想到这个提议很快就付诸实现了，单曲由勒夫担纲主唱，威尔森兄弟担纲伴唱声部。1992年，"海滩男孩"重新录制此歌并将其收录在他们的专辑《天堂的夏日》(*Summer in Paradise*)中。

张明独家推荐

《科科莫》(*Kokomo*)

这是"海滩男孩"录制于1988年的一首畅销金曲，乐队成员之一迈克·勒夫参与了歌曲创作。歌曲描述了一对恋人赴科科莫（一个虚构的岛屿名称）享受轻松假期的故事。作为"阿汤哥"(Tom Cruise)主演的电影《鸡尾酒》(*Cocktail*)中的插曲之一，这首以美妙的声部重叠以及精彩铁桶(Steel Drum)打击为主要特色的轻快歌曲一出炉就登上了美国单曲榜的冠军，并获得格莱美"年度最佳电影歌曲"和金球奖"年度电影歌曲"提名。

1996年6月6日，与时任上海电台《世界音乐星空》编辑周晓方在上海美琪大戏院后台采访"四兄弟"乐队

"四兄弟"乐队（The Brothers Four）

　　这是一支美国老牌的民谣组合，1957年创立于美国华盛顿州的西雅图，1960年因歌曲《绿色田野》而被大众所熟悉。该组合最初的几位成员原是华盛顿大学的同学，因为共同的爱好走到了一起。1959年，他们决定去旧金山发展，在那里遇见了爵士钢琴家兼作曲家戴夫·布鲁贝克（Dave Brubeck）的经纪人。在布鲁贝克的帮助下，该组合从哥伦比亚唱片公司获得一张合约。紧接着，他们发行的第二首单曲《绿色田野》令他们迅速走红，并获得了唱片工业协会（RIAA）颁发的金唱片奖。

　　进入二十世纪六十年代，随着"英伦入侵"以及以鲍勃·迪伦（Bob Dylan）为代表的激进派民歌摇滚艺人的崛起，以清新校园民歌和经典和声为主要特色的"四兄弟"演唱组慢慢淡出人们的视线。1969年至1971年，该组合的成员发生了一些更替，而1990年，随着迪克·福利（Dick Foley）的离队，"四兄弟"演唱组的原始成员只剩下了鲍勃·福里克（Bob Flick）。1996年，"四兄弟"应邀来中国访问演出，如今他们依然活跃在歌坛。

成名作品：《绿色田野》（*Greenfields*）

这是一首抒情民谣风格的作品，1960年1月经"四兄弟"演唱组推出后，便登上了排行榜亚军的位置，销量达一百万，并获得了唱片工业协会颁发的金唱片奖。"四兄弟"在很多场合都表示，这首展示他们优美和声的作品是他们的最爱。

张明独家推荐

《追忆》（*Try to Remember*）

这首弥漫着浓浓怀旧情绪的歌曲最初是音乐喜剧《异想天开》（*The Fantasticks*）中的一首插曲，优美的歌词来自英国老牌歌星汤姆·琼斯。由于使用了很多押韵，唱起来朗朗上口，此歌拥有很多精彩的翻唱版本，"四兄弟"1965年发行的同名单曲就是其中之一。

1997年6月7日，与时任上海电台《世界音乐星空》编辑周晓方在上海商城剧院后台采访"酋长"乐队，摄影：王海虎

"酋长"乐队（The Chieftains）

极具传奇色彩的"酋长"乐队1962年成立于爱尔兰都柏林。这支极具当地传统民俗音乐特色的乐队由风笛大师派迪·马隆尼（Paddy Moloney）领军，自成立之日起就将传播爱尔兰音乐作为自己的使命。他们的音乐基本以纯乐器和爱尔兰风笛为主要特色。为了达到更好的效果，更加易于流传，他们努力地做了一些改良，将传统音乐和现代音乐元素相结合，使音乐在听觉上更具新鲜感，加之他们高超的诠释技巧，使乐曲臻于完美。

在"酋长"乐队超过半个世纪的音乐生涯中，他们一共荣膺六座格莱美大奖，2002年还被英国广播公司旗下的BBC二台授予终身成就奖。为了提升爱尔兰本土传统音乐在全球的影响力，他们除了举行全球巡演之外，还经常和国际上一些知名艺人进行交流与合作，其中包括帕瓦罗蒂、米克·贾格尔、斯汀、麦当娜、罗莎娜·卡什、威利·纳尔逊、汤姆·琼斯、詹姆斯·高威等。

1983年，"酋长"乐队应中国政府邀请，与当时的中国广播艺术团合作，在长城上进行演出，开创了西方乐团在长城演出的先例。随后，他们也成为了第一支在美国华盛顿五角大楼进行演出的乐队。

成名作品：《爱尔兰女人》（*The Women of Ireland*）

这是他们为1975年由著名导演斯塔利·库布里克（Stanley Kubrick）执导的奥斯卡获奖影片《巴里·林登》（*Barry Lyndon*）创作和演奏的爱情主题曲。这首歌曲的歌词来自北爱尔兰阿尔斯特诗人彼得·欧·多尔宁（Peadar O Doirnin），也正是这首乐曲，打开了"酋长"乐队在美国乃至国际上的知名度。

── *张明独家推荐*

《我们的英雄》（*Mo Ghile Mear / Our Hero*）

这是该乐团与英国歌星斯汀合作的一首具有爱尔兰凯尔特风情的歌曲。歌曲创作于二十世纪七十年代早期，曲调来自爱尔兰考克郡的民间调子，听起来颇为悲壮。据说部分歌词是来自1746年的一首描写"詹姆斯起义"失败的悲情诗歌。

《喜洋洋》（*Full of Joy*）

此曲选自1985年"酋长"乐队为纪念他们1983年首度访问中国而发行的专辑《"酋长"乐队在中国》。专辑分别在中国内地和香港录制，乐曲的亮点在于这是"酋长"乐队和中国广播乐团的民乐演奏家们共同合作的中国传统民间乐曲，是中西方音乐互相融合的代表性作品。

2015年，与"酋长"乐队风笛演奏家马特·莫洛伊（Matt Molloy）合影，摄影：史维荣（上图）

2015年11月18日，与"酋长"乐队再度相遇，摄影：史维荣（下图）

2010年12月19日，采访"老鹰"乐队主唱之一格伦·弗莱

"老鹰"乐队（The Eagles）

在我眼中，组建于二十世纪七十年代早期、全球唱片销量超过两亿的"老鹰"乐队就如同他们的队名一样，是一支最具"美国气质"的团队，因为他们的音乐几乎包含了美国流行音乐所有的精髓。

乐队曾荣获六次格莱美奖和五次全美音乐奖。他们在二十世纪末出版的《1971—1975精选集》（*Their Greatest Hits 1971-1975*）曾被唱片工业协会列为"二十世纪全美最畅销专辑"排名第一的作品。1998年，乐队被接纳为摇滚名人堂成员。

"老鹰"乐队曾在1980年7月解散，直到1994年才重新聚首，并发行了乐队最伟大的现场专辑之一《冰冻地狱》（*Hell Freezes Over*）。这张效果爆棚的唱片立刻成为众多音响发烧友的必听之作，尤其是那首木吉他版本的《加州旅店》。

2007年，老鹰乐队在推出《远离伊甸园》（*Long Road out of Eden*）之后举行了大规模的巡演，其中还首度来到中国献唱，大受乐迷欢迎。令人遗憾的是，伴随着乐队的核心人物之一、主唱兼吉他手格伦·弗莱（Glenn Frey）2016年因病去世，乐队沉寂了一年时间。之后，几位在世的成员再度聚首，并邀请格伦的儿子迪肯·弗莱（Deacon Frey）和乡村歌手文思·吉尔（Vince Gill）一起再度公开演出。2020年，乐队还发行了两位新成员加入后的首张现场专辑。

成名作品：《放宽心》（*Take it Easy*）

这首由乐队核心成员格伦·弗莱参与创作并担任主唱的作品是"老鹰"涉足乐坛的首支单曲，您可以在任何乐队出版的精选集或现场专辑里看到这首歌曲。歌曲的录制地点是伦敦的奥林匹克录音棚（Olympic Studios），想了解"老鹰"出道时的乡村摇滚风格，这首单曲是必听之作！

张明独家推荐

《加州旅店》（*Hotel California*）

这应该是"老鹰"乐队全球知名度最高的一首作品了。歌曲中那段精彩至极的长时间吉他尾奏曾在1998年出版的《吉他演奏家》（*Guitarist*）中被读者选为"我们这个时代最佳的吉他独奏"，并在1978年获得了格莱美"年度最佳单曲唱片"的称号。

据说这首歌曲最初完成时具有非常浓烈的拉丁和雷鬼音乐情调，乐队另一位重要成员唐·亨利（Don Henley）很快对此产生浓厚兴趣。在经过一番讨论之后，乐队决定正式录制，当时谁能想到这首作品日后会席卷全球，成为他们最成功的单曲作品呢？！

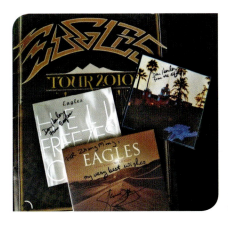

"老鹰"乐队两位核心成员给张明的签名CD

2014年3月12日，张明在上海奔驰文化中心后台与"滚石"乐队合影

"滚石"乐队（The Rolling Stones）

"滚石"乐队，毋庸置疑，是二十世纪和"披头士"乐队齐名的最伟大的摇滚乐队之一。他们1962年4月在伦敦成立，主要成员包括米克·贾格尔（Mick Jagger）、基思·理查兹（Keith Richards）、贝司手比尔·怀曼（Bill Wyman）、鼓手查理·沃茨（Charlie Watts）和吉他手朗·伍德（Ron Wood）。

该乐队是1964年至1965年在美国取得巨大成功的"英国入侵"（British Invasion）浪潮中起到先锋示范作用的一支超级乐队。与"披头士"乐队追求干净、温文尔雅的公众形象不同的是，"滚石"乐队常常给人一种离经叛道、放浪形骸之感。1966年至1967年间，他们受到迷幻摇滚的影响，进行了很多音乐上的尝试。在历经一段时间的低迷之后，他们开始回归布鲁斯摇滚这一根基，发行了一系列艺术质量很高的专辑，很快确立了他们"二十世纪最伟大的摇滚乐队"的称号。

尽管乐队的两位最核心的人物米克·贾格尔与基思·理查兹曾经因为创作理念的不同而使乐队一度面临解散，不过他们很快修补了彼此的关系，并在1989年回归乐队。必须承认，在进入二十世纪九十年代以后，"滚石"的作品在艺术上一直未有实质性的突破，但凭借他们重要的历史地位，尤其是高质量的现场表演，"滚石"乐队在歌坛继续无往而不胜，并在"史上最伟大艺人"的评选中，仅次于披头士乐队、鲍勃·迪伦和"猫王"埃尔维斯·普莱斯列，名列第四。

2006年6月4日，伴随着"一个更大的乐队"（A Bigger Bang）巡演，"滚石"乐队首度进驻中国上海。尽管当时的票价超过三千元，但大批歌迷依然蜂拥而至。在当晚的演出中，内地"摇滚教父"崔健更是同台献艺，带给摇滚乐迷一个不眠之夜。2014年3月12日，乐队再度回归，作为"14 On Fire/狂热巡演"中国内地唯一一站，他们在奔驰文化中心又一次与乐迷零距离狂欢。

成名作品：《满足》(*I Can't Get No Satisfaction*)

这是"滚石"乐队在1965年发行的一首单曲，也是这个乐队第一首在美国夺得冠军的单曲，相信很多乐迷对这首歌曲的开头、来自基思·理查兹超酷的吉他拨弦留下了极为深刻的印象吧！著名的《滚石》杂志曾经将这首作品排为"最伟大的五百首歌曲"第二名。据说这首歌曲是基思喝得酩酊大醉，突然在梦中惊醒后完成的作品，其主题涉及了灵魂与性爱以及对商业主义的抨击。这首歌曲的意义在于它正式确立了"滚石"与"披头士"乐队在风格上的不同，前者也凭借该作品正式走上了成名之路。

张明独家推荐

《红糖》(*Brown Sugar*)

这是"滚石"乐队1971年非常经典的专辑《粘手指》(*Sticky Fingers*)中的第一

主打歌曲。此曲主要由米克·贾格尔创作完成，据说他那时正忙于拍摄电影《尼德·凯莉》(*Ned Kelly*)。歌曲的录音是在美国阿拉巴马州谢菲尔德最负盛名的马斯尔·肖尔斯录音室(Muscle Shoals Studio)完成的。

这首歌的歌名灵感来自一个叫玛莎·亨特(Marsha Hunt)的女子及海洛因。前者作为一名非洲裔的美籍歌手一度是米克的恋人，而歌曲的主题涉及奴隶制度、跨宗教性爱，歌词显得非常过火，因而经常引发争议。尽管如此，它却意外地受到了公众的欢迎，成为"滚石"最经典的作品之一。

2006年4月采访访沪滚石乐队获赠签名照片（上图）
2006年4月7日，在上海采访"滚石"乐队时，和核心成员基思·理查兹合影（下图）

2011年3月12日，与"亚瑟小子"合影，摄影：AEG China

"亚瑟小子"亚瑟·雷蒙德四世（Usher Raymond IV）

出生于1978年的亚瑟小子是成名于二十世纪九十年代后期的一位节奏与布鲁斯（R&B）男歌手。除了主业唱歌以外，他还是克利夫兰骑士队的股东，并拥有自己的唱片公司，该公司曾因将贾斯汀·比伯（Justin Bieber）招致麾下而名噪一时。

亚瑟小子儿时一直生活在田纳西州，后来全家搬到乔治亚州的亚特兰大，他的唱歌才华渐渐显露。十三岁时，他因为参加一场比赛而被星探看中，很快就从音乐人L.A.里德（L.A.Reid）那里获得了一纸合约。1994年，他的首张同名专辑问世。到了1997年，他的第二张专辑《我的路》（My Way）大获成功，特别是主打单曲《受你驱使》不仅获得六张白金唱片的傲人成绩，还获得了当年格莱美奖"最佳R&B男歌手"的提名。

在歌艺道路开阔的同时，他还参与了影视剧的拍摄，这同样为他积聚了不少人气。2001年，亚瑟小子的第三张专辑《8701》虽然没有预料中那么成功，但是专辑中的单曲《你提醒了我》（U Remind Me）则为他赢得了格莱美"年度最佳R&B男歌手"的奖项。

不过，真正让亚瑟小子步入一线巨星行列的应该是他2004年发行的专辑《坦露心迹》(*Confessions*),专辑的首支单曲《耶!》连续十二周登上了《公告牌》单曲榜冠军,专辑发售的第一周就创造了一百一十万的销售纪录,也打破了十三年来R&B男歌手创造的销售纪录。在当年第四十七届格莱美颁奖典礼上,"亚瑟小子"称霸R&B,连续摘得三项大奖。

自《坦露心迹》爆红之后至今的十几年里,亚瑟小子不间断地推出新专辑。不过,虽然他在排行榜上的成绩依然可圈可点,但可能是因为黑人音乐的流行趋势发生了转向,以及有大批新人歌手层出不穷,亚瑟小子似乎有点后劲不足。但不管怎样,谁也无法否认,在二十一世纪,他一直是最优秀的R&B男艺人之一。除了八座格莱美奖和十八座《公告牌》大奖以外,他的全球唱片销量更是达到了八千万。2011年3月,作为全球最大的演出公司之一AEG中国进驻中国内地市场引进的第一位国际大牌,"亚瑟小子"在奔驰文化中心举办了盛大演出。

成名作品 :《受你驱使》(*You Make Me Wanna*)

这是亚瑟小子第二张专辑中的主打歌曲,一首典型的融合了节奏与布鲁斯(R&B)、灵魂乐以及流行唱腔的抒情歌曲,木吉他、踩镲以及铃铛等乐器互为交织的编曲效果令听者无比愉悦。此歌讲述了一段三角恋情,而故事的主人公打算成人之美,将女友留给自己最好的朋友。此歌在当年《公告牌》杂志的R&B榜单上可谓无往不胜。

张明独家推荐

《耶!》(*Yeah!*)

这是亚瑟小子音乐生涯最成功的一首单曲,发行于2004年1月27日,也是他联袂制作人兼嘻哈歌手里尔·强(Lil Jon)以及卢达克里斯(Ludacris)的一首作品,在风格上也算是"旷客"(Crunk Music,美国南方盛行的一种说唱音乐)与"节奏布鲁斯"相互结合的一种尝试。除了连续十二周登顶《公告牌》杂志单曲榜之外,它也是2004年年终榜排名第一的作品,曾在NBA比赛中用来营造热闹气氛。

2006年3月8日，在上海兴
国宾馆采访"西城男孩"组
合，摄影：管一明

"西城男孩"组合（Westlife）

　　"西城男孩"是继"后街男孩"之后又一支在中国拥有强大粉丝群体的男孩偶像团体。它组建于1998年，来自爱尔兰斯莱戈郡（Sligo），曾于2012年解散，六年之后再度聚首。该组合目前的成员包括舍恩（Shane Filan）、马克（Mark Feehily）、基恩（Kian Egan）以及尼基（Nicky Byne），建队初期的另外一位成员布莱恩（Brian McFadden）于2004年离队。

　　可能很少有人知道，"西城男该"原名叫"西面"（Westside），只是名字和另一个组合撞车才改名叫"西城男孩"。得力于英国著名电视媒体人兼唱片制作人赛蒙·考威尔（Simon Cowell），他们在经纪人路易斯·沃尔什（Louis Walsh）的带领下获得了RCA唱片公司的一纸合约。1998年，他们因为替当时已经走红的另外两支男孩团体"男孩地带"（Boyzone）以及"后街男该"担当音乐会暖场嘉宾而积聚人气。终于，1999年，伴随着首张EP专辑《再度发誓》（*Swear It Again*），"西城男孩"开始走红。

　　作为男孩团队的常青树，"西城男孩"至今为止已经发行了十三张专辑，其中十一张为录音室专辑，全球总销量达到惊人的五千五百万张。他们也是继英国"接招"组合（Take That）之后在英国单曲榜上表现最优异的男孩偶像团体，夺得的组合类冠军单曲的数量是继"披头士"乐队（The Beatles）之后最多的。更为了不起的是，他们还缔造了一项吉尼斯世界纪录——英国唱片史上第一支连续拥有七首冠军单曲的团队。

尽管这个组合曾经因为过于注重翻唱、风格雷同、缺乏创作技巧而遭到不少圈内人士的批评，但他们默契的配合、完美的声线以及始终追随"流行"的不变风格，让他们在亚洲获得了超高的人气。2006年3月，该组合为推广他们的新唱片《真情相对》（*Face To Face*）专程来到上海，随后还数次举办演唱会。其中原定于2020年分别在英国伦敦和爱尔兰考克市举办的巡演因新冠疫情推迟到了2021年。

成名作品：《放宽心》（*Swear it Again*）

这是"西城男孩"1999年4月推出的首张EP专辑的主打歌曲，也是爱尔兰所有艺人中首度发行即刻获得最好成绩的一首作品，曾连续两周获得英国单曲榜冠军。这也是他们唯一一首荣获美国权威《公告牌》单曲榜前二十名的歌曲。此歌的作者史蒂夫·迈克（Steve Mac）因为这首作品的创作，成了大名鼎鼎的赛蒙·考威尔（Simon Cowell）首选的制作人和歌曲作者。如果你想听到男孩团体最漂亮的和声和浪漫极致的抒情曲风，此曲一定不会让你失望！

张明独家推荐

《我的爱》（*My Love*）

尽管"西城男孩"从1998年组建到2019年推出全新专辑《光谱》（*Spectrum*），曾经缔造了无数热门金曲，但这首《我的爱》始终是中国歌迷最喜爱的一首单曲。它出自该团体2000年发行的专辑《咫尺天涯》（*Coast To Coast*），被誉为"情歌制作机"的几位小伙子在这首歌曲中的发挥可谓登峰造极，完美的和声与默契配合，直抵听者内心的动人音符，替所有追求真爱的人发出爱的呼唤，其充满热量又不失活力的爱情电波击中了无数乐迷。

《更好的男人》（*Better Man*）

这是"西城男孩"在2019年1月回归推出首单《亲亲吾爱》（*Hello My Love*）之后发行的第二首单曲。这首带有当代民谣基调的歌曲由"黄老板"艾德·希兰再度操刀，彻底展现了该组合不同于以往的流行情歌路线。在新人辈出的流行歌坛，"西城男孩"因为懂得如何与时俱进，才能守住他们打下了二十多年的江山。

2006年1月14日，在上海广播大厦与"吉祥三宝"一家合影，摄影：郭铁哲

布仁巴雅尔和"吉祥三宝"组合

"吉祥三宝"指的是由蒙古族歌手布仁巴雅尔和他的太太乌日娜以及小侄女英格玛组成的一个家庭组合。2006年，三人因在央视春晚上演唱了同名歌曲而被广大观众所熟知。

歌曲《吉祥三宝》的歌词简单朴实，整首作品贯穿始终的轻快节奏配以马头琴为特色的编配，再加上一唱一答的新颖表现形式，一经推出就火遍全国。

1960年出生的布仁巴雅尔曾在内蒙古的艺术学校学习蒙古长调和马头琴演奏。在校学习期间，他与后来成为他妻子的鄂温克族歌手乌日娜相恋，1989年2月两人结为夫妻。从1990年起，布仁巴雅尔成了中国国际广播电台蒙古语部的一位主持人，业余时间一直坚持创作并演唱蒙语歌曲。1990年6月21日，他们的女儿诺尔玛出生。四年后，作为给女儿的生日礼物，布仁巴雅尔创作了歌曲《吉祥三宝》，最终他和妻子以及爱唱歌的小侄女英格玛组成"吉祥三宝"组合演唱了此歌。

2005年，布仁巴雅尔推出首张专辑《天边》时，曾把《吉祥三宝》蒙古语版和普通话版一并收入唱片当中。"吉祥三宝"走红之后，布仁巴雅尔夫妇还参与创建了"五彩呼伦贝尔传说"儿童合唱团。通过一系列的采风活动，他们不仅发行了原生态唱片，还排演了原生态舞台剧，"吉祥三宝"的每位成员都忙得不亦乐乎。2006年1月14日，负责发行"吉祥三宝"专辑的普罗艺术特别安排来沪的三位歌唱演员参与了我节目的录制。

令人遗憾的是，2018年9月19日，布仁巴雅尔因突发心肌梗塞在呼伦贝尔的家中去世，终年仅五十八岁。

成名作品：《吉祥三宝》

此曲选自布仁巴雅尔的首张音乐专辑《天边》，歌中的"吉祥三宝"是一个蒙古族的图腾，指的是一匹马上驮着的三件宝物，代表着吉祥如意。这首一问一答的欢快歌曲是布仁巴雅尔给女儿诺尔玛四岁的生日礼物，它的灵感来自父亲母亲对孩子教育方式的一种思考：对孩子的交流必须建立在认真、平等和耐心之上。歌中三人的交流时刻给人一种暖意融融的感受。有了新颖的表现手法以及三位成员富有个性的嗓音，此歌不红也难呢！

张明独家推荐

《天边》

这是布仁巴雅尔2005年首张音乐专辑中的开场曲。悠扬的笛声开场之后，歌者那浑厚深情的嗓音便接踵而至。和一般专业的蒙古族歌手有所不同，从来没有受过专业声乐训练的布仁巴雅尔以极为松弛的嗓音状态和质朴感人、略带苍凉的演唱风格，将美丽草原的壮美图景展示在听众面前。那歌声仿佛山涧流淌的溪水那样沁人心脾，细腻地表达了一个身在异乡的蒙古族男人对草原的眷恋之情。那犹如天籁一般的歌声配以高超的录音技术，将每一位听众带到了一望无垠的美丽草原上，奔驰的骏马、高山、牧羊人、数不尽的绵羊，以及展翅在蓝天白云的大雕，都一一地出现在眼前。我们感受着它的辽阔，它的博大。

2009年8月31日，主持"草蜢"乐队唱谈会

"草蜢"组合

　　由蔡一智、蔡一杰和苏志威组成的"草蜢"是二十世纪八十年代香港歌坛最受欢迎的组合之一。1985年，他们因为参加"第四届新秀歌唱大赛"受到梅艳芳的赏识，很快就受到邀请成为梅姑演出时的舞伴。1987年，"草蜢"签约了宝丽金唱片公司，1988年的第一张专辑便以劲歌热舞在当时的香港乐坛独当一面。

　　到了1990年，伴随着他们的热门单曲《失恋》《半点心》一一问世，"草蜢"迎来了他们在歌坛的巅峰时期，连续六年夺得商业电台叱咤乐坛流行榜颁奖典礼的"组合金奖"。也就是在那一年，他们推出了第一张普通话专辑《限时专送ABC》，从五十万的销量来看，打进台湾地区并非难事。

　　作为极少数在八十年代到九十年代都走红的组合，"草蜢"在九十年代的后半期进入事业的停滞期，2000年，三人开始各自发展，就成绩而言，无法和草蜢的早期发展相提并论。2005年，在林珊珊担任其经纪人后，他们签约了BMA唱片公司，再度活跃于歌坛，凭借歌曲《我们》夺得乐坛奖项。不过这一时期的大部分作品因为乏善可陈，被乐迷知晓的并不多，市场上流通的基本以他们的精选集和现场版录音为主。

成名作品：《半点心》

这是草蜢组合在1990年推出的《草蜢 IV》(*Grasshopper IV*)中收录的一首歌曲，翻唱自法国著名歌手帕特里西亚·卡斯的经典作品《篷车里的维纳斯》(*Venus Des Abribus*)。流畅的舞曲旋律加上"草蜢"组合精湛至极、带有标志性动作的舞蹈，令此歌红极一时。

张明独家推荐

《失恋阵线联盟》

比起广东话版本的《失恋》，这首普通话版本的《失恋阵线联盟》似乎要流行得多。当年此歌火爆一时的另一个原因在于它作为热门电视剧集《家有仙妻》的插曲而被传唱一时。对于很多人来说，失恋是一件痛苦或是不愿意提及的事情，而这时歌曲却另辟蹊径，采用简单轻快的调子唱出，既是对过去恋人的一种祝福，又传递着一种健康乐观的心态。

《忘情桑巴舞》

《忘情桑巴舞》依然分广东话与普通话两个版本，前者收录于1991年发行的专辑《你是一切》(*You Are Everything*)中，后者则出自同名专辑。此歌节奏劲爆时尚，歌词朗朗上口，绝对属于那种一听就停不下来的舞曲。因为录制了太多舞曲性质的作品，"草蜢"一度被誉为"香港少年队"。

2009年8月31日，主持Love Radio"草蜢"乐队唱谈会

2008年10月26日，在摇滚唱谈会上采访崔健，摄影：刘沙

崔健

出生于北京的崔健来自朝鲜族家庭。作为国内摇滚乐的先驱人物，崔健最浓墨重彩的一笔应该是1986年在为世界和平年专门举办的"'让世界充满爱'——百名歌星演唱会"上，他的一曲《一无所有》给国内歌坛带来的巨大震撼。这首带有西北摇滚色彩的作品似乎在向人们传达一个信息：我们的原创音乐正在告别风花雪月的固有模式，开始肩负一种社会历史责任，敢于表达时代精神，唱出年轻一代内心的彷徨和心声！

崔健最初跟着父亲学习小号。1980年，他花二十元购买了人生中的第一把吉他。因为成功考入文艺团体的缘故，崔健有机会接触大量的西方音乐。1984年11月，他组建了自己的第一个乐队"七巧板"，开始演唱"披头士"乐队、保罗·西蒙（Paul Simon）等外国流行歌曲。仅仅过了一年多，他便因一曲《一无所有》一炮走红。

1989年，崔健的第一张摇滚专辑《新长征路上的摇滚》在国内正式发行，得到圈内人士的一致肯定。1990年，一场名为"新长征路上的摇滚"的巡演覆盖全国多个省市。此后，崔健几乎一直活跃在国内的舞台上，其带有明显"中国风"标志的摇滚说唱曲风得到乐迷的普遍认可。

在主业音乐以外，崔健还涉足电影。除了在张元、姜文等知名导演的电影中客串演出之外，他还亲自参与执导了电影《蓝色骨头》。尽管从二十世纪九十年代末到二十一世纪，崔健的热度不如以前了，但他对音乐的执着，敢于在作品中表达真实自我的做法，永远值得后辈尊敬！

成名作品：《一无所有》

这是崔健的成名曲，也是国内摇滚的开山之作。歌词中不间断强调的"我"，也标志着国内原创音乐的关注焦点开始由群体向个体转移。透过歌者向一名身份不明的女孩的诉说，歌曲表达了对于自我的一种追求，吻合摇滚精神的真实含义。从风格上来讲，它将中国的传统音乐形式与西方的摇滚元素进行了融合，大胆地将当时时代背景下中国青年面临的彷徨和迷茫彻底表达了出来。崔健也因为这首歌曲被誉为"中国摇滚之父"。

张明独家推荐

《花房姑娘》

相较于崔健一惯的怒吼式的演唱，这首民谣摇滚味道浓厚的《花房姑娘》就显得温柔了很多。乍一听，这似乎是一首描写爱情的歌曲，不过仔细斟酌一下歌词，我们却发现歌曲涉及的"大海的方向"远比"姑娘"一词来得意味深长。这是二十世纪八十年代很多青年所面临的一种矛盾心态，那就是爱情、友谊、家庭、物质、未来的发展所面临的艰难选择。按照这种理解，不难发现这首歌曲的亮点：柔情的旋律虽是现代人的一种情感表达，但更多的何尝不是个性迷失和自我的丢失，这是对现实的一种讽刺。

2019年11月16日，在Love
Radio《最爱金曲榜》音乐盛
典上给"红孩儿"组合颁奖，
摄影：有贺萍萍

"红孩儿"组合

由马国贤、汤俊霖、张洛君、张克帆、王海轮以及韩志杰组成的"红孩儿"是继"小虎队"之后崛起于二十世纪九十年代的偶像团体，曾被誉为"小虎二军"。

1990年3月，"红孩儿"发行了他们的首张专辑，仿效当年日本歌坛红极一时的"少年队"的风格，很快站稳脚跟。然而，到了1992年，伴随着他们的第五张专辑《故事》的推出，团队成员之一汤俊霖因兵役关系离队，其他团员也因相同原因陆续离开，"红孩儿"最终解散。

自2000年代初，红孩儿多次在电视节目或公开活动上重聚，但却一直没有正式复出的迹象。直到2016年9月，昔日成员张克帆在举办个人演唱会时，特别邀请马国贤及王海轮担任嘉宾，他们突然有了复出的念头。历时三年，"红孩儿"全体成员与"歆动音乐"签约，正式复出，并推出了全新单曲《向世界呐喊》(*Shout out to the World*)。随后他们还在中国台湾地区和上海举办了"向世界呐喊"三十周年音乐会。

成名作品：《闪亮的心永远爱你》

这是"红孩儿"1990年第二张专辑中的第一主打单曲，也是新成员沈依智加盟后以七个人的阵容发行的唯一一张专辑中的歌曲。九十年代初，飞碟唱片公司非常热衷于外国流行歌曲的翻唱，这首歌也不列外，它保留了泰国组合 Asanee & Wasan Chotikul 的原曲《桶装奶精》（*Bung urn tit Dind*）的曲调，由陈乐融重新填词。

张明独家推荐

《故事》

这是"红孩儿"解散前出版的最后一张专辑中的同名作品，也是此专辑第二波主打单曲，由曾经为"小虎队"写过很多畅销金曲的著名音乐人李子恒作词作曲。相比较于飞碟唱片旗下的"五陈"，李子恒的创作总是带着清纯活泼的句子。他的歌总是蕴藏着一颗未泯童心、焕发出青春少年的朝气，这首歌同样由这种情绪贯穿始终。

《初恋》

这是红孩儿1991年出版的同名专辑中的歌曲，作词依然是李子恒，作曲则为陈大力。歌曲虽然摆脱不了"小虎队"的影子，但是保持舞曲风格的作品听起来朗朗上口。想保持对"红孩儿"成军时期的美好印象，这首歌曲是必听之作。

2019年11月6日，在上海广播大厦采访"红孩儿"组合，摄影：王天一

2018年4月17日，在上海广播大厦采访罗大佑，摄影：周旭峰

罗大佑

    罗大佑堪称二十世纪华语歌坛最具里程碑意义的音乐创作人之一。虽然出身医生世家，但因为酷爱音乐，他最终还是选择涉足音乐圈。他于1976年起开始了自己的歌唱事业，从此便在流行、摇滚、民谣等多个领域做出了开创性贡献，并影响了华语歌坛几代音乐人的创作。

    1981年，罗大佑发行了自己的第一张专辑《之乎者也》，即刻引发众多关注，那首《鹿港小镇》探讨了台湾地区经济起飞后的社会变迁问题。紧接着在1983年的《未来的主人翁》中，罗大佑再次对当时的时局和社会进行了深刻的反省。

    长期以来，罗大佑的风格在经历各种转变的同时，一直保持着意境开阔、歌词兼具文学性和社会性的优点。与此同时，他还时刻肩负着时代责任，写了许多对社会产生积极意义的大型歌唱作品，如1986年献给"国际和平年"的《明天会更好》以及关注香港地区的《东方之珠》，他也由此被誉为"华语乐坛教父"。

    相较于罗大佑的演唱，他在词曲上的功力似乎更被认可。无论是"恋曲三部曲"，还是对台湾地区校园民谣复兴起到推波助澜作用的《光阴的故事》《童年》，以及为其他艺人创作的畅销金曲《似是故人来》《野百合也有春天》《追梦人》，都是几代人的青春记忆。

2012年，伴随着女儿的出生以及重回台湾地区定居，罗大佑的音乐风格也从原来的反叛犀利变为柔情温和。2017年，他推出了酝酿、制作达十三年之久的全新专辑《家Ⅲ》。专辑主题跟1984年的《家》呼应，表达了台湾地区一位重量级音乐创作人常年四处漂泊、如今重归故里的心路历程。

成名作品：《童年》

这是罗大佑1982年发行的首张专辑《之乎者也》中的一首歌曲。三分钟左右的歌曲，他花了整整五年的时间来创作，因为歌词像是和他人交谈，还要考虑到押韵和声韵，确实比较困难。但就是这么一首朴实简单的民谣，其传唱却超越了年代。罗大佑说，他唱这首歌曲时是二十七岁，但直到很多年后才意识到童年的快乐与父母有关。因为有父母的关爱，他才会如此幸福，所以每次唱这首歌都像在对父母的养育表示感恩。

张明独家推荐

《光阴的故事》

这是由罗大佑填词和谱曲的一首歌，原唱为张艾嘉。每每听到这首歌曲的旋律，听众的内心总能被深深触动。它唤醒了很多人对往事的无限追忆：青春易逝，韶华易老，流水虽然带走了光阴，却带不走岁月留下的那份感动。

《海上花》

这是为电影《海上花》创作的插曲。可能是因为太喜欢侯孝贤的这部文艺片了，我对这首弥漫着古典韵味的歌曲也情有独钟。最喜欢的还是郑怡的版本，无论是配器还是演唱，都是那么的隽永和意味深长，如同《滚滚红尘》一样。罗大佑的作品不只有愤世嫉俗和沉郁孤傲，也有柔情似水的一面。

2016年4月21日在上海广播大厦举行的"Love Radio明星乐享会——吕方",摄影：有贺萍萍

吕方

　　香港艺人吕方出生于南京，从小就喜欢唱歌，但性格比较内向。中学毕业之后，他在1983年由香港音乐人黎小田提携参加了《欢乐今宵》节目以及无线电视与华星合办的"第二届全球华人新秀歌唱大赛"。吕方和王菲一样，都拜香港著名歌唱老师戴思聪为师学习唱歌。之后，吕方凭借《我是中国人》成功入行，并顺利拿下1983年"第二届全球华人新秀歌唱大赛"冠军。

　　作为一名颇具歌唱实力的香港艺人，吕方早期和张学友一样受到唱片公司的高度重视，两人还曾经合作举办了"1986双星演唱会"。除了早期歌唱事业成绩不俗之外，吕方还涉足电视剧。二十世纪八十年代中期，由他和周海媚主演的《赤脚绅士》风靡一时，打开了他的知名度。当年在香港地区，他和著名演员兼主持人郑裕玲的姐弟恋也成为众人的焦点，但令人遗憾的是，历时十六年的恋情还是无疾而终。

　　自从1991年转投华纳唱片之后，一连数年，吕方推出了不少经典好歌，比如《弯弯的月亮》《朋友别哭》《老情歌》等。到了2000年，他在事业上没有太多起色，除了担任演唱会嘉宾以及举办个人演唱会之外，发行的唱片大多以精选集为主。

成名作品:《朋友别哭》

相信很多人都听说过这首《朋友别哭》。这首几乎被唱片公司埋没的歌收录在1995年5月他灌录的《爱一回伤一回》专辑中,是真正确立吕方内地知名度的代表作。此歌由陈乐融作词,莫凡作曲,因为在KTV被广泛传唱,可以说是一夜之间就火遍了大江南北。歌词部分非常朴实,唯美的语句真切体现了浓浓的朋友之情。曲调与歌词浑然天成,让每一位听者倍感温暖。

张明独家推荐

《弯弯的月亮》

李海鹰创作的《弯弯的月亮》虽然有很多版本,但大家还是对吕方翻唱的版本情有独钟,不仅因为编排效果优于其他版本,而且因为吕方颇具功力的演唱,那浑厚低沉、极富共鸣的演绎,无论是普通话版还是广东话版本,都为呈现歌中唯美悠远的意境增添了万分浓情。

《老情歌》

这是1993年吕方发行的专辑《多爱你一天》中收录的歌曲,由李安修作词、陈耀川作曲。两位音乐人早年作为刘德华的御用创作团队成员,曾写过包括《忘情水》《天意》《中国人》在内的很多的经典歌曲,这一次合作的《老情歌》依然深情款款,极富煽情效果的歌词令每位听者动容万分。

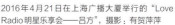
2016年4月21日在上海广播大厦举行的"Love Radio明星乐享会——吕方",摄影:有贺萍萍

2022年3月5日，专访歌唱家孙青，摄影：马笑天

孙青

孙青1965年11月出生于江苏，是我国改革开放之后最早崛起的女歌手之一。1982年，她参加苏州地区声乐大赛一举夺得一等奖，随后便进入当地歌舞团。孙青的歌声甜美，尤其擅长演绎江南民歌，她也因此被乐迷亲切地称为"江南云雀"。

1983年，孙青因参加拍摄上海电视台的《少女的歌》而被观众熟知。紧接着，"中唱"上海公司为她特别录制了首张个人专辑《纯真女歌手》，创下了一百五十万销量的好成绩。1984年，孙青考入南京军区前线歌舞团，担任独唱演员，并荣立两次"三等功"，多次受到全军总政文化部嘉奖和中央文化部嘉奖，被誉为全军"五朵军花之一"。1984年至今，孙青已经连续录制了三十多张个人专辑，卡带发行总量超过五百万盒，名列全国前茅。

由于二十世纪八十年代初琼瑶影视剧插曲大受青睐，孙青翻唱的一系列插曲如《在水一方》《月朦胧，鸟朦胧》《我是一片云》等大受欢迎。特别是她演唱的《月朦胧，鸟朦胧》《采槟榔》还荣获中国首届"金唱片奖"、全国首届"银盒带奖"、全国"十大金曲奖"和"最佳电视剧配唱奖"，使她成为同时代女歌手中的佼佼者。

1993年，孙青加盟上海轻音乐团，担任独唱演员。她凭借三十多年的扎实功底，形成自己特有的演唱风格，诠释了大量优秀的原创歌曲，如《江南雨》《那该是怎样的世界》《采芦花》等。孙青的音色醇厚，处理歌曲细腻，拥有不少忠实歌迷。如今，身为上海轻音乐团副团长的她已从台前走到幕后，为继续培养歌坛新人而不断努力。

张明独家推荐

《月朦胧，鸟朦胧》

孙青年轻时擅长演绎台湾"帽子歌后"凤飞飞的歌曲，尤其是后者为琼瑶影视剧配唱的插曲。当年大陆翻拍琼瑶剧《月朦胧，鸟朦胧》时，主题曲就选用了孙青的版本。与原唱相比，我认为孙青的翻唱版本吐字更精准，将情窦初开的少女情感表达得更为传神。

《采槟榔》

这是孙青1985年出版的卡带《孙青独唱第二辑》中的一首翻唱民歌，当年和《月朦胧，鸟朦胧》同获首届"金唱片奖"。原曲出自黎锦光根据湖南民歌《双川调》而创作的歌曲，曾是老牌歌星周璇的经典名曲之一，二十世纪八十年代被很多歌手重新演绎。孙青的版本更彰显老上海都市情怀，欢快的节奏配以轻爵士色彩的编曲，令人过耳不忘。

2015年5月上海之春国际音乐节专场演出时，与歌唱家孙青（左）、青年指挥家武彦合影

2017年6月22日，在上海浦东凯宾斯基酒店采访谭咏麟后合影，摄影：朱妙苗

谭咏麟

有着"校长"外号的谭咏麟是继许冠杰之后，二十世纪八十年代香港乐坛最具代表性的艺人之一。随着当时香港唱片业的不断繁荣以及偶像化包装的蔚然盛行，谭咏麟所在的宝丽金唱片公司也聚集了最强的创作队伍和资源，为这位当年歌手打造了一系列高质量的热门金曲，令"谭校长"成为各大颁奖典礼的常客，风头一时无双。

1984年至1987年，谭咏麟连续四次获得十大劲歌金曲颁奖典礼"最受欢迎男歌手"大奖。1988年2月，他又在第十届十大中文金曲颁奖礼上荣膺"金曲十年"大奖、"全年销量总冠军歌星"大奖以及IFPI大奖。2014年，国际唱片业协会IFPI授予谭咏麟"香港流行音乐文化歌手"大奖，以表彰他对香港音乐创作以及华语乐坛的贡献。同年，谭咏麟还入选了"十大中文金曲名人堂"。

如今的谭咏麟虽然已迈入古稀之年，但他依然没有停下在乐坛驰骋的脚步。在乐迷心中，他永远是二十五岁的"谭校长"！

成名作品：《忘不了您》

虽然谭咏麟最初是"温拿乐队"（Wynners）的成员之一，但就个人作品而言，他

1981年出版的第三张广东话唱片《忘不了您》中的同名歌曲被认为是他真正意义上的第一首经典歌曲。这首歌曲所在的专辑堪称谭校长歌艺上的分水岭，与他前两张个人专辑相比较，无论是声音运用还是演唱技巧方面都有了实质性的进步。也就是从这首歌曲开始，我们对于如何定义"谭氏情歌"有了更为明确的概念。

张明独家推荐

《朋友》

谭咏麟的好歌实在不胜枚举，这首《朋友》是流传度最广的歌曲之一，由向雪怀作词，芹泽广明作曲。前者因为替校长创作了上一张专辑《爱情陷阱》大受欢迎，继而再次受宝丽金邀请担纲这张专辑的主要创作人。虽然就质量而言，新作与上张专辑在曲风上比较雷同，但作为谭校长与成龙合作的电影《龙兄虎弟》的插曲，这首《朋友》因为直抵人心的歌词和流畅深情的旋律，依然是很多乐迷心中最想和"校长"一起合唱的作品之一。

《一生中最爱》

这是一首由谭咏麟的老搭档向雪怀作词、台湾歌手伍思凯作曲的热门金曲，被收录于专辑《神话1991》中。这首歌曲曾多次入选"乐迷最喜爱的谭校长名曲"之一，也是1992年电影《双城故事》中的主题曲。还记得电影中谭校长与张曼玉相拥的场景吗？每每回想起这样煽情的画面，歌者的歌声总会激发出深藏在听者内心火一般的情感。

2009年4月23日，在宏泉丽笙酒店主持温拿乐队唱谈会时初次遇见"谭校长"

2017年11月22日，与汪明荃在第二届"爱的时光派对"彩排现场，摄影：徐晓臻

汪明荃

　　香港演艺圈的资深艺人、外号"阿姐"的汪明荃出生于上海，1956年随家移居香港。1966年，她幸运地考取了丽的映声（Rediffusion，亚洲电视的前身），一年之后以优异成绩成为合约演员，从此开始了她的演艺事业，最初从事粤剧和民谣歌剧的演出。

　　在自费留学日本一年之后，她于1971年转投无线电视，在二十世纪七八十年代迎来了她流行歌手事业最风光的时期。当时，她和沈殿霞、张德兰、王爱明组成"四朵金花"组合，后因主演电视剧《家变》成为家喻户晓的娱乐圈人物，更奠定了她"电视剧一姐"的地位。

　　不过，说起汪明荃的演艺事业，最被内地观众所熟悉的还是她主演的电视剧集《万水千山总是情》和《京华春梦》，剧中的插曲赢得了众多观众的喜爱。1985年，汪明荃首次登上了央视春节联欢晚会，并演唱歌曲《家乡》《问候》。

　　作为香港娱乐圈"大姐大"级的人物，汪明荃还曾获得"香港十大杰出青年"殊荣。进入2000年，不服老的她依然活跃在电视圈，由她主演的《野蛮奶奶大战戈师奶》获得很高的收视率。2017年，为了纪念她从艺五十周年，香港无线专门为她举办了"汪明荃五十周年世纪盛宴"。同年，她又举办了个人从艺五十周年演唱会，算是

"功德圆满"了。

成名作品：《万水千山总是情》

这是汪明荃为1982年自己主演的香港无线电视剧《万水千山总是情》配唱的主题歌曲，由邓伟雄作词、顾嘉辉作曲。这也是她歌唱生涯中影响力最大的一首经典作品。作为最早一批在内地公开播映的香港电视剧，这首歌曲对于广东话流行歌曲的传播起到了很大的推动作用，曾被包括著名歌唱家朱明瑛在内的很多内地艺人翻唱。

张明独家推荐

《勇敢的中国人》

由于《万水千山总是情》这首主题曲的知名度太高，对于这部同名电视剧的另一首插曲《勇敢的中国人》，乐迷一般不太留意。这首由黄霑作词、顾嘉辉作曲的歌曲以民国抗日为背景，透过激情满怀的斗争呐喊，激发了很多人的赤子情怀。时至今天，歌词中的那句"我万众一心，哪惧怕艰辛，冲开黑暗"的豪情依旧在每个中华儿女的心中激荡。汪明荃在歌曲处理上先委婉后激昂的演绎恰如其分地表达了作者的创作理念。《勇敢的中国人》更是入选了香港电台1982年"十大中文金曲"。

《问候》

《问候》收录于娱乐唱片在1981年发行的专辑《美丽的时光·我像小雨》，这也是阿姐为数不多的普通话专辑。这首歌曾在1985年的央视春晚上演出过，阿姐靠着自己在传统戏曲上的演唱功底，将整首歌曲把握得恰到好处，普通话发音吐字清晰，作品喜气欢快，具有较强的可听性。

2017年11月23日，与汪明荃在第二届"爱的时光派对"活动现场，摄影：徐晓臻

2007年7月，采访奚秀兰，
摄影：管一明

奚秀兰

被誉为"香港刘三姐"的奚秀兰是第一个登上"央视"春节联欢晚会的香港歌手。她出生于安徽，二十世纪六十年代移居香港。奚秀兰从小就爱唱爱跳，1966年考取了香港丽的电视台创办的电视艺训班，毕业后参加香港业余歌手大赛，以一曲《绿岛小夜曲》夺冠。

奚秀兰有着出色的嗓音条件，能歌善舞使她很快成为综艺娱乐节目《欢乐今宵》的台柱之一。由于能讲一口流利的普通话，而且擅长演绎各种地域的民歌小调，她灌录的一系列唱片在东南亚非常热卖。尽管她婚后退出了影视圈，但歌唱事业依然辉煌。1984年，她获得央视邀请，成为了第一个登上央视春晚舞台的香港艺人，以《天女散花》《阿里山的姑娘》《我的祖国》和《花儿为什么这样红》引起人们的巨大关注；1985年，奚秀兰发行的贺新春专辑《大地回春》使她成为第一个在内地发行唱片的香港艺人；2007年7月，这位老牌香港歌手在上海大舞台举办了她首次个人演唱会，算是对她从艺几十年的完美总结。

成名作品：《绿岛小夜曲》

出生于安徽的奚秀兰从小就拥有一副民歌嗓子。她的歌喉清亮高亢，演绎各地的民歌都有独特的韵味。《绿岛小夜曲》创作于1954年，是由中国台湾的周蓝萍作曲、潘英杰作词，歌曲描写恋爱中的男女那种患得患失、起伏不定的心情。这首歌曲最早由老牌歌星紫薇灌录，奚秀兰的版本小调味道更浓，她也因为这首歌曲在香港业余歌手大赛上一举夺冠。

张明独家推荐

《阿里山的姑娘》

这首歌曲最早出自1949年的电影《阿里山风云》，又名《高山青》。1984年在中央电视台春节联欢晚会上，奚秀兰载歌载舞般的演绎将美丽的宝岛风情淋漓尽致地展现在观众面前，这首歌曲也由此被广为传唱。这首作品曾经一直被误以为是台湾地区高山族的传统民歌，其实它只是运用高山族山歌的曲式谱写而成的创作歌曲。

《天女散花》

《天女散花》最初源自于黄梅戏《游龙戏凤》，是一首非常典型的"戏歌"。因为奚秀兰来自黄梅戏的故乡安徽，由她演绎这首作品实在是太合适不过了。在1984年央视春晚上，她以深厚的民歌功底将这首家乡安徽的民间曲调演绎得韵味十足，"香港刘三姐"的称号实至名归。

2014年3月25日，在新锦江大酒店主持许冠杰演唱会上海发布会，摄影：上海演出公司

许冠杰

　　香港著名音乐人黄霑先生说过，任何关于广东话歌曲的历史都应从许冠杰说起，因为在他之前，广东话歌曲一直流传于市井之间，给人以俚俗、低下之感，直到许冠杰的出现。

　　从二十世纪七十年代起，许冠杰已经是香港最受欢迎的男歌手。他的作品和形象给人以焕然一新的感觉，歌词浅显易懂、朗朗上口，而旋律简单优雅，格调也大大提升，彻底改变了广东话歌曲的历史地位。许冠杰的"香港第一代歌神"的地位也由此确立。

　　2014年5月24日，许冠杰第一次来上海、广州等城市举办个人演唱会。

成名作品：《铁塔凌云》

　　1971年，许冠杰签约宝丽金唱片。1972年4月，他和哥哥许冠文在无线电视台的一档《双星报喜》节目中演唱了这首罕见的原创中文歌曲——《铁塔凌云》。此歌被誉为香港流行歌曲的"开山之作"，在许冠杰的歌曲分类中属于典型的"情怀系列"。它也是对1967年的香港移民潮传递出"热爱香港"的信息，被收录在许冠杰1974年的专辑《鬼马双星》之中。

━━ 张明独家推荐 ━━

《双星情歌》

《双星情歌》是许冠杰为其与哥哥许冠文、许冠英共同合作演出的电影《鬼马双星》而写的一首插曲，情意绵绵之下也表达着一份对于离别的伤感。整首作品曲风抒情柔美，歌词雅俗兼备，收录于1974年11月宝丽金发行的《鬼马双星》专辑中。

《沧海一声笑》

这是1991年许冠杰为自己主演的影片《笑傲江湖》配唱的插曲，由黄霑填词、顾嘉辉作曲，曾获得第十届香港电影金像奖的"最佳原创电影歌曲奖"。这首歌曲一经问世就好评如潮，直到今日，它依然是武侠歌曲中最为经典的作品之一。受到中国古代美学著作《乐记》中的一句"大乐必易"的启发，许冠杰将中国五声音阶上下行了几次便填上歌词，最终得到导演徐克的认可。在编曲上，竹笛与古筝的合奏开场颇具侠义之气，绝对属于武侠歌曲中的经典。

2014年3月25日，与许冠杰以及两个儿子许怀欣、许怀谷在发布会休息室合影，摄影：上海演出公司

2016年10月18日，在Love Radio"爱的时光派对"新闻
发布会后与张蔷合影，摄影：周旭锋

张蔷

　　出生于北京的张蔷至今依然是中国内地卡带销量最高的艺人，刚出道就登上美国
《时代》周刊的中国娱乐界人物。

　　张蔷生长在一个音乐家庭，母亲是电影乐团的小提琴手。从五岁起，她就在母亲
的指导下学习小提琴和钢琴。然而，步入中学以后，她和很多青少年一样，对流行歌
曲开始痴迷。1984年，她参加了北京举办的歌手大奖赛，尽管唱得很出色，但终因唱
法过于"前卫"未能获奖。

　　为了寻求更为广阔的发展天地，张蔷一度想去广州发展，后来又因为云南音像
提供的一次试音机会彻底改变了人生。1985年，她推出了首张翻唱专辑《东京之夜》，
销量一下子就达到了令人咋舌的两百五十万张。如火箭速度般蹿红的她一下子成了各
大音像公司的香饽饽，她也由此开启了高速发片的模式。在之后的两年内，她竟然发
行了十六张个人专辑，创下两千多万销量的惊人纪录。《好好爱我》《爱你在心口难开》
《害羞的女孩》《恼人的秋风》等经过张蔷重新翻唱的流行歌曲，在大街小巷传唱一时。
卡带封面上的北京女孩留着标志性的爆炸头，穿着蝙蝠衫、健美裤，戴着五颜六色的
耳环，就是这样一位被当时的主流社会视为"女阿飞"的歌手令人意外地成为众多少

男少女崇拜的偶像明星和都市潮流青年的杰出代表。

尽管出道以来一直被排除在"主流文化"之外，但张蔷似乎并不在乎。1987年，因为歌唱事业遭遇瓶颈，她毅然赴澳大利亚留学，婚后在香港地区定居。1996年，张蔷重回北京。四年之后，作为中国流行音乐史上不可或缺的代表性歌手，张蔷登上"央视"《同一首歌》栏目。2001年，她签约"普罗之声"正式复出。2008年，张蔷在北京举办了生平第一次演唱会，虽然宣传十分有限，但还是在歌迷中引发了轰动。信心不断增强的她在2013年签约"磨登天空"，并发行个人音乐专辑《别再问我什么是迪斯科》。2018年12月，作为二十世纪八十年代中国音乐的代表人物，张蔷接受了新华社的采访。如今的她依然保持活力，驰骋在复古电音领域，"中国大陆歌坛迪斯科女王"的称号还在延续。

成名作品：《爱你在心口难开》

此歌的原曲创作于二十世纪五十年代初，进入八十年代中期重新填词后取名《爱你在心口难开》，由台湾歌坛"帽子歌后"凤飞飞重新演唱。1986年，张蔷成为大陆第一位录制此歌的歌手。她的演唱风格极具辨识度，歌声一如既往的火辣、张扬，略带撒娇成分，与凤飞飞的稳重截然不同。

张明独家推荐

《手扶拖拉机斯基》

张蔷2013年发行的这首神曲是一首由内地摇滚乐队"新裤子"主唱彭磊为她量身打造的作品。整首歌除了张蔷最为擅长的迪斯科节奏以外，其中的唱词十分巧妙，字句押韵，给人意气风发之感，在当今华语歌曲创作中实属难得。

整首歌曲在高潮迭起的强劲节奏中为听者呈现的是一幅二十世纪八十年代的中国城市画面，从"列夫·托尔斯泰"到"安娜·卡列尼娜"，从"莫斯卡郊外的晚上"到"莫斯科不相信眼泪"，歌词中充斥着浓浓的俄罗斯味道，是对特定年代的美好追忆。

2021年9月10日，采访即将
展开"未来式2.0"世界巡演
的张信哲

张信哲

　　华语歌坛的"情歌王子"张信哲是在学校歌唱比赛时被星探发掘的。1987年，他签约了滚石旗下的巨石唱片，凭着首张专辑《说谎》一炮而红。1992年，他服役后再度回归歌坛，靠着李宗盛根据新加坡音乐人黎沸挥的《爱的余温》重新填词后完成的一曲《爱如潮水》，确立自己"情歌王子"的地位，从此"哲式情歌"的音乐风格让他在歌坛如沐春风，并被歌迷们亲切地称为"阿哲"。

　　1995年，张信哲成立了自己的音乐工作室"潮水音乐"，并加盟科艺百代旗下的种子音乐。在这一辉煌时期，他推出了诸如《宽容》《不要对他说》《过火》等一系列热门畅销金曲，还拿了台湾金曲奖的"最佳男歌手"奖，"EMI三部曲"令他的几张普通话专辑横扫大陆乐坛，成为名副其实的"销量王"。

　　从1997年起，为了追求更多的创作自由，张信哲转投新力音乐，首张专辑《直觉》虽然因为风格上的改变引发争议，但阿哲依然公开表示，这是他最喜欢的一张专辑。在新力音乐期间，阿哲获得了为动画片《宝莲灯》配唱的机会，一曲《爱就一个字》成为他在大陆最受欢迎的单曲之一。比较遗憾的是，之后唱片公司的重组令他身边的团队不停更换，导致其事业进入低谷，他最终选择与公司解约，开启了独立制作的模式。然

而伴随着实体唱片业的断崖式下滑，阿哲之后的一些专辑反应平平，反倒是参与诸如《我是歌手》这样的真人秀节目以及举办多场巡演令他在歌坛的地位得以延续。2019年，阿哲应邀赴瑞典和新锐制作人合作推出全新专辑《就懂了》。2021年10月，阿哲正式开启"未来式2.0"世界巡回演唱会。

成名作品：《爱如潮水》

这是李宗盛将新加坡音乐人黎沸挥的歌曲《爱的余温》重新填词后成就的一首"哲式情歌"。与二十世纪九十年代人们对于男性的主观审美截然不同，李宗盛在这首歌曲中所刻画的男性在爱情面前显得软弱无力，阿哲的演唱虽然不如想象中那般沧桑，但他高亢而不失温柔的声线将这首情歌演绎到炉火纯青，再加上鲍比达精彩的编曲，绝对百听不厌。

张明独家推荐

《过火》

《过火》由曹俊鸿作曲，分为普通话和广东话两个版本，普通话版由陈佳明作词，广东话版由向雪怀作词。前者收录于1995年9月6日发行的专辑《宽容》中，后者收录于1996年2月发行的专辑《深情》中。歌曲呈现的是一个对爱情忠诚、在情感上付出惨重代价的男子形象。阿哲在这首作品中依然是张弛有度，以极为细腻的音色和彻底投入的情感将歌曲处理得极其到位。

《爱就一个字》

这是中国大陆歌迷最喜欢的阿哲的歌曲之一，也是他加盟新力唱片之后录制的作品，选自1999年发行的动画片《宝莲灯》，影响力足以比肩《爱如潮水》。唱功成熟的阿哲情绪饱满，嗓音依旧，配以片中人物沉香救母的感人情节，那种温暖打动了太多人的心。

2016年3月13日，主持张信哲上海巡演发布会暨明星乐享会，摄影：有贺萍萍

2016年1月8日，在上海广播大厦主持张行粉丝见面会，摄影：徐晓臻、有贺萍萍

张行

  张行绝对是改革开放初期上海流行歌坛最具代表性的人物之一，也是我国歌坛最早诞生的流行歌手之一。

  他1962年9月21日出生于上海，从小就喜欢流行歌曲，最擅长吉他弹唱。1981年进入上海群益无线电厂之前，他就已经录制了自己的第一盒音乐卡带，从此他一直维持着白天上班，晚上去音乐茶座唱歌的生活节奏。

  1984年可以说是张行人生的一个转折点。同年1月，中唱上海分公司为他发行了首张个人专辑《成功的路不止一条》，这盘二十四声道电脑录音的独唱专辑共收录了十五首歌曲，绝大部分都是翻唱刘文正等台湾知名艺人的热门歌曲。卡带一上市就大受欢迎，创下了数百万的销量。仅仅隔了七个月，张行又荣获上海青年吉他大奖赛吉他弹唱第一名，从此迅速红遍全国，成了无数少男少女的偶像。

  或许是因为成功来得太快，成名之后的张行一下子失去了自我约束，事业进入停滞期。就在他两张专辑《再爱我一次》发行之后，他因生活问题入狱三年。出狱以后的他虽然又出了一张专辑，但因内地歌坛席卷而起的一股强大的"西北风"，发行的作品未能达到预期的成绩。90年代初，他便改行做生意，不过很快再度复出。

从2000年开始，张行在央视极具影响力的综艺栏目《同一首歌》中演出，创作并演唱了包括《一生里有你》《永远的鲜花》《梦中的乌篷船》等歌曲，受到观众的热烈欢迎。之后，他还频频亮相于各大电视综艺节目，当过电视栏目导演。但无论角色如何变化，他从未停止过对歌唱事业的眷恋。2016年，作为对一次歌唱生涯的回顾，张行回到老家上海，在梅赛德斯奔驰文化中心举办了一次大规模的个人演唱会。现场除了大批他的老歌迷齐聚之外，很多当年共事的老朋友也到场助兴，场面极度温馨。

成名作品：《迟到》

这首在二十世纪八十年代火遍全国大街小巷的歌曲出自台湾地区著名音乐人陈彼得先生之手。1981年，著名歌手刘文正在他的专辑《却上心头》中首唱了此曲，但因时值改革开放初期，大陆和台湾地区的文化交流非常有限，很多年轻人都是从张行的翻唱中了解这首作品的。与原唱相比，张行的演绎明亮而富有朝气。在那个单纯的年代，此类带有"小人物"倾诉色彩的歌曲最容易在年轻人中引发共鸣，再加上《迟到》本身那朗朗上口的曲调，这首歌曲火速风靡也在情理之中。

张明独家推荐

《一条路》

这是歌手张行在每次演唱会上必唱的作品之一。和《迟到》一样，这首作品也收录于他1984年1月发行的首张专辑《成功的路不止一条》中，依然是由陈彼得先生创作，来自他对人生的感悟：人的一生从出生、离开家乡、走遍世界、踏过四季，终究还是要回到自己的起点，叶落归根。张行每次演唱此歌都显得异常动情，因为这首歌也是他本人对过往人生的一种心迹的表露。

2016年10月29日，与张行、张蕾合影（上图）
2016年10月29日，在第一届"爱的时光派对"上
与张行同唱《春夏秋冬》，摄影：徐晓臻（下图）

2012年4月16日，在上海广播大厦采访郑绪岚

郑绪岚

　　当年电影《少林寺》中一曲深情的《牧羊曲》和纪录片《哈尔滨的夏天》中的《太阳岛上》让很多人记住了著名歌唱家郑绪岚的名字。

　　郑绪岚1958年7月20日出生于北京，后随父母迁居天津。在进入东方歌舞团之前，郑绪岚原本是当地阀门厂的一名青年工人，后因为才华过人，被老艺术家王昆看中，吸收成为团里的歌手。之后，她先后师从李筱铭、郭淑珍，并赴东南亚国家学习民间音乐。

　　1979年，郑绪岚与作曲家王立平合作，为电视风光片《哈尔滨的夏天》配唱一曲《太阳岛上》一举成名。一年之后，她参加了由《北京晚报》发起的中国内地第一场流行音乐演唱会《新星音乐会》。1983年，她亮相于央视首次举办的春节联欢晚会，成为当时最走红的抒情女高音之一。二十世纪八十年代，郑绪岚多次与王立平合作，演唱了一系列经典影视插曲，其中包括功夫明星李连杰的银幕处女作《少林寺》中的《牧羊曲》、纪录片《鸽子》中的《飞吧，鸽子》等。

　　尽管在事业上取得了令人羡慕的成绩，但郑绪岚在生活上却遭遇过种种波折。二十世纪八十年代末，为了追求自由恋爱，她毅然从东方歌舞团辞职，在没有经济来源的情况

下，靠着亲朋好友的接济，维持两年生活后赴美。后因夫妻感情破裂，郑绪岚带着儿子重新回国。在重新建立家庭以后，郑绪岚再度遭受自身疾病和爱人去世的双重打击。但生活的艰辛并没有摧垮她对歌唱事业的执着，进入2000年以后，这位歌唱家依然活跃在舞台上，除了参加东方歌舞团的团庆音乐会之外，还于2009年加盟人民大会堂新年音乐会的演出阵容。2012年和2018年，郑绪岚专程来到上海举办个人演唱会，受到热烈欢迎。

成名作品：《太阳岛上》

由邢籁、秀田、王立平作词，王立平作曲的《太阳岛上》，发表于1979年，是纪录片《哈尔滨的夏天》的主题曲，也是郑绪岚的成名曲。1989年，该作品获得中国首届金唱片奖。

改革开放初期，在主流歌唱作品普遍力求高大上的基调时，这首《太阳岛上》一改风貌，以极为生活化的歌词和优美抒情的曲调受到了大批年轻人的喜爱。歌词中提及的"明媚的夏日""背着六弦琴的小伙"和"穿着泳装的姑娘"等画面感十足的细节，在那个特定的年代具有一定的突破性，与时代背景下人们对美好生活的憧憬不谋而合。再加上郑绪岚与歌曲高度吻合的演绎风格，这首歌曲一举成为全国听众首度参与评选的"十五首优秀广播歌曲"之一。

张明独家推荐

《飞吧，鸽子》

这是我最喜欢的一首郑绪岚演唱的影视歌曲。虽然它在知名度上或许逊色于《牧羊曲》《太阳岛上》和《大海啊故乡》等作品，但郑绪岚最擅长的舒缓、自然的演唱风格恰恰在这首歌曲中得以淋漓尽致地表现，尤其是歌词中提及的"鸽子"常常被理解为歌唱家毕生追求的具象表现。郑绪岚在采访中时常表现出对这首作品由衷的喜爱，在她看来，自己就是歌中提及的那只鸽子，虽然在享受自由的路途中遭遇风险，但在人生道路上却从不迷航。

古典 ━

2016年3月18日，在上海东
方艺术中心采访卡蒂雅·布尼
亚季什维莉，摄影：郭轶哲

卡蒂雅·布尼亚季什维莉（Khatia Buniatishvili）

　　卡蒂雅·布尼亚季什维莉是法籍美女钢琴家，1987年6月21日出生于格鲁吉亚。她三岁跟随母亲学习钢琴，由于天赋异禀，早在六岁时就举办了个人第一场音乐会。卡蒂雅在第比利斯的国立音乐学院（Tbilisi's State Conservatoire）求学期间获得霍洛维茨国际青年钢琴比赛（Horiwitz International Competition for Young Pianists）特别奖等多项比赛的肯定，而后转往维也纳音乐与表演艺术大学深造，更进一步拓展音乐视野。2008年，卡蒂雅首度登上卡内基音乐厅的舞台，被BBC广播电台选为"2009—2011年度新生代艺术家"，更被维也纳爱乐协会评为2011—2012乐季的"闪耀之星"（Rising Star），巨星的风采已然成型。

　　2011年，选择定居巴黎的卡蒂雅发行了签约索尼古典后录制的个人首张专辑《弗朗茨·李斯特》（*Franz Liszt*），以完美的演奏技巧展现自己对李斯特音乐的见解。2012年，卡蒂雅与巴黎管弦乐团合作录制肖邦作品专辑，同年获得德国古典音乐回声奖"最佳新人奖"。2015年，卡蒂雅参与录制酷玩乐队（Coldplay）的专辑《充满幻想》（*A Head Full Of Dreams*）。2014年，卡蒂雅首次赴中国演出，2016年携新专辑《万花筒》开启中国巡演，先后在北京国家大剧院和上海东方艺术中心举办音乐会。同年10月9日，她凭借专辑《万花筒》获得德国古典音乐回声奖"年度最佳独奏录音"。

在卡蒂雅看来，《万花筒》里的作品是一个人注视着现实里某个细小瞬间的片段，就如同她的演奏，从细微处寻找伟大的灵魂。虽然她童年时期经历着格鲁吉亚最黑暗的战争年代，但生活的艰辛也造就了卡蒂雅淡泊名利、对艺术攀登坚韧执着的性格。对于自己的美貌，卡蒂雅认为这对艺术而言是锦上添花的事情，如果自己真的在艺术上有着独到的见解，美丽并不是什么坏事，反而会获得更多展示才华的机会。现实生活中的她有着格鲁吉亚民族直率的性格，她说虽然自己从事的职业是钢琴家，但平时她却很少聆听钢琴音乐，反而更喜欢交响乐。

代表作品：《万花筒》（*Kaleidoscope*）

这是为卡蒂雅·布尼亚季什维莉第二次赢得权威性的德国古典音乐回声奖的作品，而且这一回是独奏奖，是她钢琴演奏技术自成一派、走向成熟的完美体现。从收录的曲目来看，可谓阴郁与欢愉互为融合，外在美与内在美兼得的佳作。其中作曲家穆索尔斯基的《图画展览会》作为大部头作品是古典乐迷非常喜爱的经典名曲，平日里大家比较熟悉它的管弦乐版本，而在《万花筒》中，卡蒂雅仅仅依靠钢琴这一件独奏乐器，为我们勾勒出一幅色彩极为生动、富有个人色彩的图画。在她音色极为丰富、多少带有一点猛烈的非传统演奏中，我们可以感受到乐章、人物之间的相互交织，聆听时仿佛开启了一个博物馆之旅。

除此之外，专辑中还包括作曲家拉威尔的《圆舞曲》（*La Valse*）、斯特拉文斯基的《"彼得鲁什卡"三个乐章》（*Three Movements From Petrushka*），这三首作品均有钢琴与管弦乐版本，并有芭蕾舞剧版。和我们通常聆听到的版本感觉不同，作品的演奏相当有气势。由于唱片是在位于德国柏林的著名录音棚"放克浩室"（Funkhaus）录制，而且卡蒂雅本人又与流行艺人合作过，唱片的畅销也在情理之中。

2016年1月12日，在上海东方艺术中心采访德·梅斯特，摄影：刘爱华

科萨维尔·德·梅斯特（Xavier de Maistre）

出生于1973年10月22日的法国竖琴演奏家梅斯特绝对是当今古典乐坛的"型男"艺人。作为当今竖琴界极富创造力的天才演奏家之一，梅斯特改变了竖琴的发展走向，他因此荣膺非常权威的"德国古典音乐回声大奖"的肯定。

梅斯特九岁开始学习竖琴，随后便离开家乡，前往巴黎进一步深造。十六岁时，他在巴黎举行的国际大赛上首次获奖，随后由于出色的演奏水平，在卡迪夫、慕尼黑、维也纳、耶路撒冷等一些国际赛事上高奏凯歌。1998年，他一举获得美国国际竖琴比赛的一等奖，也就是在这一年，年仅二十五岁的他成为了闻名遐迩的维也纳爱乐乐团的第一位法国乐手，担任竖琴部首席。

为了寻求更大的表演空间，2010年，梅斯特离开乐团，向着竖琴独奏家的全新角色迈进。其间，他与无数顶尖的乐团及知名指挥家如里卡多·穆蒂、西蒙·拉特、安德烈·普列文爵士等合作，参与多个著名音乐节的演出。

梅斯特是索尼音乐独家签约的录音艺术家，他们合作录制发行了海顿、罗德里戈、吉纳斯特拉与德彪西的音乐作品，其中德彪西的录音在2009年赢得了古典回声大奖"年度器乐独奏家"奖。2012年，他的专辑《威尼斯之夜》出版发行，并跻身古典音乐榜单中最畅销的十佳唱片之一。

　　作为一名敢于实现自我突破的演奏家，梅斯特涉及的作品十分宽泛，细腻的演奏指法使他在演绎巴洛克时期一些作曲家的作品时变得生气勃勃、趣味盎然。梅斯特不仅演奏当代重要作曲大师专门为他度身打造的作品，还演奏交响乐或其他乐器的经典名曲，如其他竖琴演奏家从未考虑过演奏的斯美塔那的《沃尔塔瓦河》、德彪西的《月光》等等。一些偏传统的曲目透过他的演绎，被赋予了全新的生命，由此梅斯特被公认为当代乐坛最具创造力及最优异的竖琴演奏家之一。

　　从2016年起，梅斯特几乎年年都会来中国访问，他的演奏以及超高颜值为他在国内赢得了众多粉丝的追捧。

代表作品：《我的祖国：沃尔塔瓦河》（*Ma Vlast: The Moldau*）

　　《我的祖国》是捷克作曲家斯美塔那于1874年至1879年间创作的一首交响诗，结构宏伟绚丽，音乐形象富有诗意，在音乐史上有着很高的地位。该作品历来被认为是捷克民族交响音乐的起点，整首曲子充满了爱国热情。通常乐迷们欣赏的都是交响乐演奏的形式，但梅斯特却在2015年索尼古典为他出版的《沃尔塔瓦河：浪漫竖琴独奏专辑》（*Moldau — The Romantic Solo Album*）中，以惊人的准确度和高超细腻的演奏技巧，完美地诠释了这首乐曲的竖琴独奏改编版，令人感到不可思议。

2009年9月20日，在上海凯悦酒店采访即将
在沪举办音乐会的多明戈，摄影：张鹏

普拉西多·多明戈（Placido Domingo）

普拉西多·多明戈是二十世纪后半叶世界三大男高音歌唱家之一，也是西班牙著名的歌剧表演艺术家、指挥家，还曾担任美国洛杉矶歌剧院和华盛顿国家歌剧院的总监。

1941年1月21日，多明戈出生于西班牙，父母均是西班牙民族歌剧演员。他八岁时全家迁居墨西哥，后入读墨西哥国立音乐学院。多明戈始终以振兴西班牙歌剧为己任，经常在世界上最负盛名的歌剧院用意大利语、法语、德语、西班牙语、英语和俄语演出。多明戈的嗓音丰满华丽，演唱坚强有力，至今已录制了一百多部歌剧全集，绝对是现世男高音中可塑性最强的歌唱家之一。他能胜任从抒情到戏剧男高音等各种角色，进入2010年之后，多明戈开始由男高音向男中音过渡。截至2020年，他已扮演了一百五十多个不同的人物，他塑造的奥赛罗是同辈艺人中最出色的，他扮演的拉达美斯则气概不凡，富于强烈的戏剧性和悲剧色彩。

作为一名跨界艺术家，多明戈在拉丁音乐和流行乐领域同样获得巨大成功。除了赢得十四项格莱美奖和拉丁格莱美奖（The Latin Grammy Awards）外，他的唱片还获得过银唱片、金唱片、白金唱片和多白金唱片的荣誉。1981年，多明戈的第一张流行专辑《爱情也许是这样》使他获得了除歌剧以外更多乐迷的认可，这首与美国民谣歌手约翰·丹佛（John Denver）合唱的同名歌曲CD卖出了近四百万张。1990年，多明戈与卢西亚诺·帕瓦罗蒂、何塞·卡雷拉斯一起开始三大男高音演唱会系列。该系列音乐会共成功举办过三次，首次演出的音乐专辑成为有史以来最畅销的古典专辑之一。

1996年至2011年期间，他除了担任华盛顿国家歌剧院的总监外，还参与了大量的人道主义工作，并努力帮助年轻的歌剧演员，是世界上最大的年度声乐比赛"世界歌剧声乐比赛"的创始人。我国歌唱家廖昌永与和慧分别获得过该比赛1997年的第一名与2000年的第二名。

多明戈热爱中国艺术。2006年，他为谭盾歌剧《秦始皇》在大都会歌剧院的全球首演担当主唱，饰演秦始皇。在2008年奥运会闭幕式上，多明戈与宋祖英合唱闭幕式主题曲《爱的火焰》。2010年，多明戈担任北京大学歌剧研究院名誉院长。

代表作品：《爱情也许是这样》（*Perhaps Love*）

作为"歌剧之王"，多明戈虽然录制过很多歌剧类或艺术歌曲类专辑，但是纵观他个人专辑在排行榜上的成绩，1981年10月发行的跨界专辑《爱情也许是这样》无疑是最成功的。该唱片曾名列最权威的美国《公告牌》杂志流行专辑榜第十七名，上榜时间长达二十一周。

当年在专辑制作人密尔顿·欧坤（Milton Okun）的鼓动下，多明戈第一次尝试用英语来演唱流行作品，其中最引人注目的当属他和民谣歌手约翰·丹佛合作的同名歌曲。此曲的意外成功进一步扩展了这位西班牙美声歌唱家的歌迷队伍，连多明戈本人也认为，进入《公告牌》流行歌曲排行榜对于一个歌剧演员来说是不可思议的。更为重要的是，专辑作为较早推向市场的跨界作品，也为日后流行艺人与古典艺术家的跨界合作提供了范本。

2015年3月22日，与前来东
艺出席美国洛杉矶爱乐乐团访
沪音乐会新闻发布会的杜达梅
尔合影

古斯塔沃·杜达梅尔（Gustavo Dudamel）

杜达梅尔是迄今唯一一位未满四十岁就指挥维也纳新年音乐会的指挥家，现任西蒙·玻利瓦尔青年管弦乐团音乐总监和洛杉矶爱乐乐团音乐总监。

1981年1月26日，这位被乐迷誉为"顶着'方便面'头"指挥的指挥家出生于委内瑞拉，父亲是一名长号演奏家，母亲是一名声乐教师。他从小学习音乐，十岁开始学习小提琴，十四岁开始学习指挥。2004年，精力充沛的杜达梅尔参加了在德国举行的首届马勒国际指挥大赛，无可争议地赢得了金奖，他的才华引起了指挥大师西蒙·拉特、克劳迪奥·阿巴多的关注。

2006年4月，杜达梅尔被任命为哥登堡交响乐团（Gothenburg Symphony）首席指挥；同年，他在米兰的斯卡拉歌剧院首次亮相。2007年，他在瑞士琉森音乐节上首次指挥维也纳爱乐乐团；第二年，杜达梅尔与他率领的西蒙·玻利瓦尔青年管弦乐团首次访华演出，展示出非凡的风采。2012年，杜达梅尔为DG公司录制的勃拉姆斯《第四交响曲》唱片获得了格莱美最佳管弦乐表演奖，DG公司还将杜达梅尔的成长历程拍摄成纪录片《音乐承诺》（The Promise Of Music）全球发行。

2015年，在著名电影音乐作曲家约翰·威廉姆斯的邀请下，杜达梅尔为电影《星球大战：原力觉醒》指挥了配乐。在2016年的超级碗比赛中，杜达梅尔和洛杉矶青年乐团为酷玩乐队伴奏，并与克里斯·马丁（Chris Martin）、碧昂斯（Beyonce）和布鲁诺·马尔斯（Bruno Mars）同台演出。

2017年，杜达梅尔指挥了维也纳新年音乐会，成为维也纳新年音乐会有史以来最年轻的指挥家。2019年，杜达梅尔作为普林斯顿大学驻场艺术家参与了该校一百二十五年校庆。杜达梅尔的指挥充满快乐的热情，他对于音乐的理解全然符合现代人的欣赏要求，可谓是"改写二十一世纪音乐历史的人"。

代表作品：《勃拉姆斯〈第四交响曲〉》（*Brahms Symphony No.4*）

关于勃拉姆斯的《第四交响曲》，DG公司出版过包括指挥人师卡洛斯·克莱伯（Carlos Kleiber）在内的很多版本，而杜达梅尔指挥洛杉矶爱乐乐团的这盘录音虽然比起他现场指挥的版本相对逊色一些，却依然获得"格莱美奖"的肯定。《第四交响曲》堪称勃拉姆斯四部交响曲中最伟大也是最伤感、最典雅的一部。无论是作品开场营造的"如怨如慕、如泣如诉"还是最后一个乐章"古典悲剧性"的集中体现，那种悲哀、无助、愤怒的情绪，我认为杜达梅尔的把握还是基本精准的。他充满激情，甚至有些夸张的指挥动作是他有别于前辈指挥家的最大标识。

2014年12月19日，与米洛什合影

米洛什·卡拉达格里奇（Milos Karadaglic）

　　米洛什1983年4月23日出生于黑山共和国的蒙特内格罗（Montenegro），是著名古典音乐厂牌DG旗下的签约古典吉他演奏家。

　　小时候，受父亲在家播放塞戈维亚（Segovia）弹奏阿尔贝尼兹（Albeniz）创作的《阿斯图里亚斯》（Asturias）的影响，八岁的米洛什从此爱上古典吉他。九岁时，米洛什首度登台演出，十一岁便在国际吉他比赛中获奖，成为贝尔格莱德的小明星。1999年，米洛什靠着一盘自己的表演录像带，幸运地获得了伦敦皇家音乐学院的奖学金。他离开了战争下硝烟四起的家乡，只身前往伦敦就读。2004年，米洛什以优异成绩毕业，并继续深造，获得演艺硕士学位，这也是皇家音乐学院历史上首位成为米克初级院士（Meaker Junior Fellow）的吉他演奏家。

　　作为古典吉他演奏家，米洛什十分期待能为吉他重新定义，让它成为现代乐器，为此他除了演奏经典曲目之外，也经常尝试全新的创作。2011年，他的首张专辑《地中海情深》获得2011年度英国《留声机》杂志"年度青年艺术家"、德国古典回声"年度最佳新人"等重要奖项。

　　2012年对于从事舞台演奏的米洛什来讲是最具突破性的一年。鉴于他在纯古典和流行领域实现的跨界演奏，他在世界各地的演出都大受欢迎。就演出场地而言，无论是像皇家阿尔伯特大厅这样可以容纳四千人的大场地，还是只能容纳一百人的小型室内乐场地，他对吉他的热情和对音乐品质的追求始终如一。

从2013年到2016年，米洛什出版的一系列专辑都受到专业人士的一致好评，从《拉丁激情》(*Latino*)到《阿兰胡埃兹》(*Aranjuez*)再到《黑鸟—披头士名曲专辑》(*Blackbird-The Beatles Album*)，他的畅销唱片不停登上古典音乐排行榜的榜首。

然而，进入2016年末，他因为手伤的缘故，被迫退出多项活动。值得庆幸的是，2018年，随着身体逐步康复，米洛什重新回归舞台，与BBC交响乐团合作，在逍遥音乐节上举行了吉他协奏曲《墨黑月亮》(*Ink Dark Moon*)的全球首演。2019年，他发行了第五张专辑《寂静之声》(*Sound of Silence*)，包括对古典曲目的全新编排、对流行音乐的深情致敬以及与朋友们合作的作品。这张专辑是米洛什对自己的反思，是他个人的音乐剪贴簿，也是他的至爱珍宝。

代表作品：《地中海情深》(*Mediterraneo*)

米洛什与DG公司签约后，推出了自己的首张专辑《地中海情深》。专辑收录了很多充满地中海风情的曲子，其中相当一部分作品都是吉他爱好者的必听之作，如《爱的罗曼史》、《阿尔罕布拉宫的回忆》、《阿斯图里亚斯》等等，当时还算是新人的米洛什试图通过为这些脍炙人口的传世之作注入自己的独特标签，向自己的血脉之根——地中海致敬。这些入门级的曲目大大增强了唱片的可听性，这也是米洛什为何能一炮走红的重要原因之一。

2006年3月5日，在上海锦江饭店与哈诺依和她当时的丈夫罗伯特·卡什（Robert Cash），摄影：Christina

奥芙拉·哈诺依（Ofra Harnoy）

出生于1965年1月31日的哈诺依是继杜普蕾之后又一位闻名遐迩的以色列裔加拿大籍美女大提琴演奏家。作为五届朱诺奖得主以及加拿大总督功勋奖家族的一员，哈诺依曾被加拿大国家周刊《麦克莱恩》（Maclean）评为十二位在各自领域为国家带来最多荣誉的加拿大人之一，被《美国音乐》杂志授予"年度青年音乐家奖"等荣誉。

在音乐舞台上，哈诺依可谓年少成名。她1965年出生于以色列，1971年随家人移居多伦多，六岁时开始跟随父亲学习大提琴，十岁时作为独奏家与多伦多交响乐团合作演奏协奏曲。1979年，哈诺依以加拿大全国音乐比赛第一名的身份前往英国参加阿尔德伯恩音乐节，在那里她见到了心目中的偶像杜普蕾。当时病魔缠身的杜普蕾将自己的老师、英国最优秀的大提琴教师威廉·普利斯（William Pleeth）推荐给了哈诺依，两代琴坛女杰就是以这种方式完成了她们在精神上和艺术上的传承。

1982年，哈诺依来到美国，在卡内基音乐厅举行首演。她在纽约一年一度的"音乐会艺术家新人奖"角逐中，成为该项赛事三十六年历史上最年轻的优胜者。就这样，哈诺依可以说是在一片鲜花和掌声中步入世界乐坛的中心，成为受世人瞩目的"杜普蕾第二"。1983年，她成为乐坛首位表演并灌录奥芬巴赫大提琴协奏曲的演奏家。1987

年，她签约RCA Victor旗下的"红印鉴"（Red Seal）。2006年，哈诺依来到上海，其极具亲和力的琴音让听众卸下了对古典音乐的成见，听众们与她一起分享古典音乐原有的典雅与浪漫。

哈诺伊的演奏风格多元又富有激情。2019年，她发行了自己的最新专辑《重回巴赫》（*Back To Bach*）。

代表作品：《G大调协奏曲（军队）》（*Concerto Militaire in G Major*）

法国轻歌剧的奠基人、作曲家奥芬巴赫年轻时是一位相当不错的大提琴演奏家。他为大提琴留下了许多宝贵的遗产，其中包括这首《G大调大提琴协奏曲（军队）》。这部长约四十分钟的协奏曲的创作历史可以追溯到1847年，当时奥芬巴赫还没到二十岁。整首协奏曲在风格处理上以抒情、浪漫为基调，又不失轻快活泼，非常具有他轻歌剧的谱曲特色。

1983年，哈诺伊有幸成为乐坛首位表演并灌录奥芬巴赫大提琴协奏曲的艺术家，她的演奏活力充沛，光彩熠熠。这里特别推荐1986年RCA德国版本的录音，因为是著名厂牌的缘故，整张专辑中，大提琴音色细腻丰富，哈诺依也由此建立了她一流大提琴家的声誉。另外，由指挥大师孔泽尔率领的辛辛那提交响乐团也与哈诺依激情碰撞，配合默契，让整首协奏曲显得张弛有度，表现出超强的可听性。

2014年4月23日，在东艺采访雅罗斯基，摄影：巫艳婷

菲利普·雅罗斯基（Philippe Jaroussky）

雅罗斯基是一位顶尖俄裔法国假声男高音歌唱家。由于假声男高音对歌唱家的先天条件、后天学习和技巧要求十分苛刻，历来真正优秀的假声男高音十分稀缺，甚至有人用"每个时代如果有一位明星级的假声男高音都是世界之幸"来形容。然而令人倍感幸运的是，我们这个时代能拥有像雅罗斯基那样优秀得足以载入史册的假声男高音歌唱家。

雅罗斯基1978年2月13日出生于法国，原在巴黎音乐学院学习古小提琴，曾荣获凡尔赛音乐学院一等奖。随后，他对钢琴产生了浓厚的兴趣，希望更深入地学习作曲和音乐。十八岁时，雅罗斯基参加了一场巴黎教堂举办的巴洛克音乐会，受假声男高音法布里斯·迪·法尔科（Fabrice Di Falco）的鼓动，他随后考入巴黎音乐学院，进行声乐方面的专业训练，并最终取得文凭。

雅罗斯基有着天使般的音色和非同凡响的演唱技巧，在短短几年里他进步神速，很快成为新一代的法国声乐天才，以精湛的花腔技巧和对巴洛克歌剧的生动诠释而闻名。2007年，雅罗斯基获得了最佳法国抒情艺术家奖；2008年，他在古典回声奖的颁奖典礼上被评为"年度最佳歌手"；2012年，他凭借与马克斯·伊曼纽尔·森契奇

（Max Emanuel Cencic）合作录制的专辑《二重唱》（*Duetti*）再次获得古典回声奖。

2016年7月，在伦敦皇家阿尔伯特音乐厅举行的大卫·鲍伊纪念会上，他表演了大卫·鲍伊的《撞上同一辆车》（*Always Crashing in the Same Car*）。2014年，雅罗斯基在上海的音乐会上共演唱了九首歌剧选段，为上海乐迷带来了巴洛克歌剧的美妙享受。

代表作品：《维瓦尔第歌剧咏叹调》（*Vivaldi Opera Arias*）

作为法国顶尖假声男高音，雅罗斯基在这张专辑中将他对巴洛克作品的独特理解和深厚演绎功力发挥到极致。聆听此曲，听者虽然无法听懂他的意大利语唱词，但几乎都会被他纯净明亮、犹如天籁　般的嗓音深深打动，犹如置身那遥不可及的巴洛克阉伶歌手的时代。

这张2007年出版的专辑一共收录了十五首曲目，特别推荐里面的第二首《与我的挚爱相伴》（*Vedro Con Mio Diletto*），看似比较简单的编排将雅罗斯基的声音衬托得无比美妙：高声区纤柔轻盈，低中声区随着胸声的介入变得雄厚。难怪尽管巴洛克的声乐作品比较小众，但听者对雅罗斯基依然如此痴迷。

2005年10月23日，在辛辛
那提沪演出新闻发布会上与
孔泽尔交流

埃里克·孔泽尔（Erich Kunzel）

　　孔泽尔，著名通俗古典指挥大师，辛辛那提通俗乐团的缔造者和荣誉指挥。在他执掌该乐团的三十二年时间里，他们录制的一系列发烧唱片受到众多发烧乐迷的追捧。

　　1935年，孔泽尔出生于美国纽约一个德裔移民家庭。在康涅狄格州的格林威治高中读书期间，他就开始尝试编曲，演奏钢琴、贝司和定音鼓。孔泽尔毕业于达特茅斯学院，最初选择化学专业的他最终却获得了音乐学位，随后他赴哈佛大学和布朗大学求学。

　　1960年至1965年，孔泽尔指挥罗德岛爱乐乐团（Rhode Island Philharmonic）。1965年，孔泽尔受邀成为辛辛那提交响乐团的驻场指挥，负责"8点钟通俗音乐会"（8 O'Clock Pops）系列演出。后来当辛辛那提交响乐团董事会在1977年创建辛辛那提通俗乐团时，孔泽尔被任命为乐团指挥。从那时起，他带领着乐团取得前所未有的成功，拥有越来越多的追随者，人们可以不断地从遍布全球的巡回演出、电视节目和最畅销的唱片中发现他们的身影。

　　从一开始，孔泽尔就努力将辛辛那提通俗乐团的影响力扩展到全世界。他和世界最顶尖的发烧厂牌Telarc合作了将近九十张专辑，其中大部分都是畅销佳作。作为《公告牌》（Billboard Chart）历史上最成功的艺术家之一，孔泽尔将古典乐团与现代音乐成功地融合在唱片制作中。在他领导下，辛辛那提通俗乐团曲目异常宽泛，从古典乐、百老汇音乐剧到电影音乐。在跨界领域，还没有哪个指挥能像孔泽尔那样取得如此巨大的成功。

1998年，孔泽尔凭借《科普兰：来自美利坚的音乐》（Copland: The Music of America）赢得了格莱美大奖；2006年，他被授予"国家艺术勋章"；2009年，他入选位于辛辛那提的美国古典音乐名人堂。

孔泽尔与中国有着不解之缘，曾四次访华演出。1998年，孔泽尔成为第一个在中国演出的美国通俗音乐指挥家。十年后，他和辛辛那提通俗乐团受邀重返2008年北京夏季奥运会，成为唯一在活动中参加演奏的美国管弦乐队。2009年，已经身患绝症的孔泽尔仍然潇洒执棒，与中央歌剧院交响乐团合作，上演了《星球大战》《歌剧魅影》《我心永恒》《月亮河》《卧虎藏龙》等一系列世界经典电影音乐。同年9月，孔泽尔病逝于位于天鹅岛（Swan Island）的家中，享年七十四岁。

代表作品：《西部大赶集》（*Round-Up*）

这张由著名发烧音乐厂牌Telarc公司于1986年发行的唱片至今仍被众多发烧音乐爱好者视为"发烧极品"。辛辛那提通俗乐团将美利坚西部那粗旷而质朴的民风淋漓尽致地展现了出来。该专辑在曲目的选择上注重高超的录音技术表现以及辛辛那提通俗乐团的演奏特点，从古典到西部影视音乐乃至根据民谣改编的通俗乐曲都有收录，给乐迷营造了一种意气风发、艺术与娱乐兼备的感受。

当然，作为整张专辑的亮点之一，曾经被万宝路广告所采用过的著名西部片《七侠荡寇志》（*The Magnificent Seven*）的主题音乐更是必听之作，辛辛那提对此曲的诠释绝对是笔者聆听到的众多演绎中最佳的一版。在孔泽尔的指挥之下，乐团透过大气恢宏的演奏以及部分发烧级音响效果的摄入，把波澜壮阔的美国西部驰马纵横的牛仔那狂放不羁的性格、令人荡气回肠的史诗画面渲染得惟妙惟肖，令听众无不热血沸腾。

2019年6月，主持莱比锡布商大厦管弦乐团媒体见面会与安德列斯·尼尔森斯交流，摄影：有贺萍萍

安德列斯·尼尔森斯（Andris Nelsons）

　　安德列斯·尼尔森斯堪称当今指挥界炙手可热的新一代翘楚，现任美国波士顿交响乐团和德国莱比锡布商大厦管弦乐团的音乐总监。音调出众、技术精准以及视觉上的奔放热情是人们对他指挥艺术最好的总结。

　　1978年，尼尔森斯生于拉脱维亚首都里加（Riga）的一个音乐世家，他的母亲创办了拉脱维亚第一个乐团，父亲则是一个合唱队的指挥、大提琴手和老师。少年时期，尼尔森斯学习钢琴，十二岁时练习小号。凭着对音乐的兴趣，他不仅在母亲的合唱团里担任男低音，而且在拉脱维亚国家歌剧院里担任小号演奏。时任小号手期间，他开始参与指挥工作。在随乐团演出数年后，他又开始进军指挥领域。2003年，年仅二十四岁的他成为拉脱维亚国家歌剧院的首席指挥。

　　作为新一代指挥界的佼佼者，尼尔森斯成为世界顶级交响乐团、歌剧院、音乐节的常客。2008年至2015年，他担任伯明翰城市交响乐团的音乐总监。2006年至2009年，他担任德国西北爱乐乐团的首席指挥。说起尼尔森斯和大名鼎鼎的波士顿交响乐团的缘分，还要追溯到他三十二岁那年，他临时顶替因生病而辞演的詹姆斯·列文。鉴于演出非常成功，他随后担任了乐团的客席指挥。2014年10月，他成为波士顿交响乐团百余年历史上最年轻的首席指挥兼音乐总监。2015年，该团打破了五年合同的传统，与他签订了长达八年的合约。2016年，在欧洲最负盛名的古典音乐节之一——德国德累斯顿音乐节上，尼尔森斯因推广和普及古典音乐的杰出贡献，荣膺第十三届格拉苏蒂原创音乐节大奖。2020年，尼尔森斯指挥了维也纳新年音乐会，史无前例地成为第一位在音乐会上独奏乐器的指挥。

作为新一代指挥大师的杰出代表，尼尔森斯与知名古典品牌"德意志留声机"（DG）签署了独家合约。他和波士顿交响乐团合作的《肖斯塔科维奇交响全集》（*The Complete Shostakovich Symphonies*）和歌剧《姆钦斯克县的麦克白夫人》（*Lady Macbeth of The Mtensk District*）等经典录音大受好评，其中肖斯塔科维奇《第十交响曲》的现场录音为他赢得了格莱美奖的肯定。

尼尔森斯对音乐事业的执着来自对生活的热爱。在他看来，无论是瓦格纳的悲剧还是马勒的交响曲，种种悲喜与爱恨的交织、光明与黑暗的对照，都从生活中走来，化成音符组合在曲谱之上。

代表作品：《肖斯塔科维奇〈第十交响曲〉》（*Shostakovich Symphony No.10*）

作为深受苏联音乐传统影响的最后一批指挥家中的杰出代表，安德列斯对于这张专辑的录制所倾注的热情自然非同凡响，当然他的诠释也令人信服。这张由古典知名厂牌"德意志留声机"（DG）发行的唱片在问世之后除了摘得包括英国留声机（Gramophone）和德国古典回声奖在内的多个奖项之外，还获得了2015年度格莱美"年度最佳管弦乐团表演奖"的肯定。该张专辑也是尼尔森斯与波士顿交响乐团合作为DG录制的"肖斯塔科维奇交响"系列的第一张作品。

《第十交响曲》如同天才作曲家肖斯塔科维奇的个人陈述，为我们刻画了苏联领导人斯大林去世后作曲家的内心感受。这是演奏肖斯塔科维奇《第十交响曲》时不能忽视的背景。我们常说真正好的音乐作品，可以超越当时的背景来理解其中的音乐。

2019年5月26日，在上海
东方艺术中心后台采访雅尼
克·内采-瑟根，摄影：陆咏青

雅尼克·内采-瑟根（Yannick Nézet-Séguin）

　　雅尼克是一位蜚声世界乐坛的加拿大指挥家兼钢琴家，现任费城交响乐团音乐总监，蒙特利尔大都会管弦乐团、歌剧院的艺术总监暨首席指挥。2008年至2018年，他还担任过鹿特丹爱乐乐团音乐总监。

　　雅尼克1975年3月6日出生于加拿大蒙特利尔，父母都是教育专家。他五岁时开始学习钢琴，十岁时决定成为一名乐队指挥。在告别自己的中学时代之后，雅尼克进入魁北克音乐学院学习钢琴，在那里获得了五项钢琴和四项相关音乐科目的一等奖。雅尼克还曾师从约瑟夫·弗卢梅菲尔特（Joseph Flummerfelt）在西敏寺合唱学院学习合唱指挥艺术。1994年，十九岁的雅尼克组建了自己的专业管弦乐团和人声团体"蒙特利尔小教堂"，到2002年之前，几乎每年都要举办两到四场音乐会。

　　2006年，雅尼克担任鹿特丹爱乐乐团的第十一任首席指挥，率领乐团为"维真古典"（Virgin Classcis）和百代（EMI）录制了唱片。2008年，在指挥家夏尔·迪图瓦的邀请下，他首次与费城交响乐团联袂登台。2012年6月，他被任命为费城交响乐团的音乐总监。他以骄人的音乐天分与远见，为乐团未来发展开辟了全新的方向。由此，他与费城交响乐团的合同也被延续到了2025/2026演出季。

除了传统交响乐以外，雅尼克也涉足歌剧、合唱等具有丰富表现力的音乐领域。2009年，他首度与纽约大都会歌剧院合作，首次登台指挥的作品就是全新版本的歌剧《卡门》。由于表现卓越，雅尼克在2016年6月2日被任命为大都会歌剧院艺术总监。

2016年，雅尼克与费城交响乐团访问中国，在国家大剧院音乐厅演出。2019年5月，伴随着费城交响乐团第十二次访华之旅，雅尼克率团与我国著名歌唱家雷佳合作，为观众带来了谭盾的全新作品《敦煌壁画：九色鹿的故事》，得到观众的热烈欢迎。作为新生代指挥中最具影响力的领军人物，雅尼克与杜达梅尔、丹尼尔·哈丁并称为世界三大青年指挥家。他那独树一帜的指挥风格，尤其擅长激发观众的共鸣。

代表作品：《马勒〈第八交响曲（十人）〉现场》（*Gusv Mahler: Symphony No.8*）

"你不妨想象大宇宙发出音响的情形，那简直已不是人类的声音，而是太阳运行的声音。"这是作曲家马勒对自己的《第八交响曲（千人）》的评价。由DG录制的这张《马勒〈第八交响〈千人〉现场》为我们再现了2016年雅尼克指挥费城交响乐团的演出实况。

值得一提的是，马勒的这首交响曲在美国的首演正是由费城交响乐团在1916年完成的，此番聆听全新版本可谓意义深刻。演出现场的效果和价值，听者完全可以从曲终听众爆发出的掌声和喝彩声中知晓。这部让马勒前七部交响曲"甘为序曲"的庞大作品在向来追求音色饱满的世界知名交响乐团的演绎之下，再度焕发出新的生机。

2007年10月24日，采访迈克尔·奈曼时请大师留言

迈克尔·奈曼（Michael Nyman）

　　曾经因为替奥斯卡获奖影片《钢琴课》创作音乐而被乐迷所熟悉的迈克尔·奈曼无疑是当今英国乐坛最有创意精神的知名作曲家之一。除了拥有"极简主义作曲家"的头衔以外，他还是一位钢琴家、剧作家和音乐学家。他的声誉除了建立在为自己的乐队和各类乐团搞创作之外，也来自于他为交响乐团、合唱团以及弦乐重奏团谱写的诸多作品。

　　迈克尔·奈曼1944年3月23日出生于伦敦斯特拉福德郡（Stratford）的一个波兰犹太人家庭。1961年，他被英国皇家音乐学院录取后师从彼得·弗莱切博士（Dr. Peter Fletcher）、阿兰·布什（Alan Bush）和杰兰特·琼斯（Geraint Jones）学习钢琴和十七世纪巴洛克音乐。1965年至1966年，奈曼在英国文化协会的奖学金资助下，赴罗马尼亚学习民歌。他写过许多歌剧，以及六首协奏曲、四首弦乐四重奏和其他室内乐作品，这些作品中有相当一部分都是为他的"迈克尔·奈曼乐队"（Michael Nyman Band）谱写的。

　　就职业生涯而言，迈克尔·奈曼在众人眼里似乎是一位更成功的电影音乐作曲家。他为著名导演彼得·格林纳威（Peter Greenaway）执导的一系列电影创作的配乐令他声誉鹊起。1993年，他为简·坎皮恩 Jane Campion）获奖影片《钢琴课》创作的配乐使他步入事业的巅峰时期。这张专辑成为古典音乐最畅销的专辑之一，销量超过三百万张，他也因此获得了英国学院奖和金球奖的提名。1999年，奈曼与"污迹"乐队（Blur）的主音歌手戴蒙·阿尔班（Damon Albarn）联手打造了电影《贪婪》（*Ravenous*）的原声专辑。由于早年曾在罗马尼亚采风，专辑中奈曼别出心裁地使用了非洲班卓琴来重新编排八十年代早期的老歌，此举令多少有些平淡无奇的乐曲听起来别有趣味。

虽然电影配乐为尼曼赢得了很多荣誉，但尼曼本人最为钟情的还是创作歌剧。他创作的《错把太太当帽子的男人》（*The Man Who Mistook His Wife For A Hat*）、《面对戈雅》（*Facing Goya*）、《男人和男孩：达达》（*Man and Boy: Dada*）和《爱最重要》（*Love Counts*）都是颇具影响力的作品。除了透过维真（Virgin）、百代（EMI）、德卡（Decca）、华纳古典（Warner Classics）和索尼（Sony）等唱片公司发行自己的作品之外，迈克尔·尼曼还拥有自己的唱片品牌MN。

代表作品：《钢琴课》（*The Piano*）电影原声

必须承认，很多乐迷是因为这部学院风格很强的电影作品中的配乐知道迈克尔·奈曼这个名字的。作为三项奥斯卡奖和第四十六届戛纳电影节金棕榈大奖的获奖作品，钢琴在这部影片中扮演着极其重要的角色。鉴于影片中的女主人公是个哑女，钢琴自然成了她唯一和别人交流情感的工具，音乐是她表达内心情感的宣泄途径。迈克尔·奈曼创作的具有浓郁学院风格的主题乐曲以各种变奏的方式在影片中出现，结合着剧情和人物，伴随着流畅隽永、单纯延绵的音符，不断地推进，偶尔气势磅礴，偶尔低沉缓慢。在欣赏该片的过程中，观众除了被影片中那波涛汹涌的黛色海湾以及浪漫、胶着的故事吸引之外，精彩的主题旋律也不时萦绕于耳中。每当乐声响起，只要一闭上眼，眼前就会浮现出海滩边主人公的女儿在复古式的乐曲声中白裙飘扬舞翩跹的画面。

2018年11月18日，在上海东方艺术中心演出间隙与帕胡德
合影，摄影：温宇昕

艾曼纽尔·帕胡德（Emmanuel Pahud）

　　来自瑞士的长笛大师"万人迷"帕胡德以演奏巴洛克和古典长笛曲目而著称。在我眼中，他是全球最具冒险精神的演奏家之一。他1970年1月30日出生在瑞士日内瓦的一个与音乐毫不相干的家庭，因为父亲是电讯工程师的缘故，他从小就居无定所。六岁时，帕胡德全家搬到意大利罗马。很快，他被全家都玩音乐的比内特（Binet）一家的大儿子菲利普（Philippe）演奏的长笛曲深深打动，于是他开始迷恋这一吹奏乐器，后来父母干脆送了他一支长笛作为圣诞节的礼物。1978年，当一家人搬到比利时布鲁塞尔之后，帕胡德便开始在南部的音乐学院学习。

　　1985年，帕胡德赢得了比利时全国大赛的冠军，同年又与该国国家交响乐团首次合作，演奏了十一年前曾经启发他的作品：莫扎特的《长笛协奏曲》。此后，他一直留在布鲁塞尔，直到十七岁才去法国巴黎音乐学院进修。在校期间，他在1988年的杜伊诺（Duino）和1989年的神户（Kobe）两项赛事中获奖。1990年，更以第一名的成绩从该校毕业。为了继续打磨自己的风格，提升作品的能力，之后两年，他师从当时享有世界声誉的法国长笛大师、出生于瑞士的沃海勒·尼克莱（Aurele Nicolet）。1992年，年仅二十二岁的帕胡德不仅加盟了世界顶尖的柏林爱乐乐团，受指挥大师克劳迪奥·阿巴多的器重，成为该团历史上最年轻的长笛首席，还赢得了日内瓦国际音乐大赛的一等奖，从而一跃踏进国际音乐舞台，时常以独奏家的身份在世界各地举行独奏音乐会。

2001年，欧洲圣城音乐会中，他与柏林爱乐乐团合作的莫扎特《长笛协奏曲》已成为当今世界古典音乐演奏的典范。多年来，这位在音乐风格上多才多艺的长笛大师不断拓展他的演奏曲目，从巴洛克、古典主义到爵士乐、现代音乐，他几乎样样在行。帕胡德曾多次造访中国举办音乐会、大师课及公开排练。2017年11月14日，由他和著名长笛演奏家何声奇教授共同创建的"Pa-He国际长笛艺术中心"在上海成立，成为我国培养长笛演奏人才的一大平台。

代表作品：《莫扎特长笛协奏曲选集》（*Flute Concerto - Mozart*，1997）

《莫扎特长笛协奏曲选集》是一张由帕胡德演奏的莫扎特长笛协奏曲以及长笛与竖琴协奏曲的录音作品，由指挥大师阿巴多指挥柏林爱乐乐团协奏。其中，《D大调第二长笛协奏曲》（K.314）是1777年莫扎特赴曼海姆时，根据为萨尔茨堡宫廷乐队的双簧管演奏家弗尔兰迪斯（Giuseppe Ferlendis）而作的《C大调双簧管协奏曲》改编而成。该曲是长笛演奏家喜爱的乐曲之一，技艺精湛的帕胡德在演奏时，时而抒情优美，时而愉悦活泼，时而流畅快速，作为长笛与管弦乐团之间的对话，帕胡德技巧高超的华彩段和柏林爱乐华丽爽朗的音响效果相得益彰，为乐曲增添了许多特色。《G大调第一长笛协奏曲》（K.313）作于1778年。此曲是筹措从萨尔茨堡到巴黎的一次昂贵的长途职业旅行所急需的款项而专门创作的。帕胡德演绎的这两首协奏曲因在"江湖"上广为流传而成为同类作品中不朽的经典。

2015年11月12日，在上海
柏悦酒店采访帕尔曼

伊扎克·帕尔曼（Itzhak Perlman）

伊扎克·帕尔曼是一位美国籍以色列小提琴家、指挥家和教育家，被公认为二十世纪后期最为出色、最具商业号召力的演奏家之一。他四岁患小儿麻痹症，双腿留下终身残疾，给他的生活和事业造成许多不便。但是他从未因此而畏惧，每次演出，他总是面带微笑地走上舞台，用自己高超的技艺展现了一位卓越小提琴演奏大师的风采。

1945年8月31日，帕尔曼生于以色列的雅法（今特拉维夫的一部分）。他说自己在三岁半时因为从收音机里聆听到了小提琴的声音，从此就爱上了这件乐器。五岁时，帕尔曼受到一位从苏联移居以色列的女小提琴家的影响，开始正式学习小提琴。后来，他在特拉维夫音乐学院接受了最初的提琴教育，凭借着自己的悟性和刻苦，很快就成为一位少年天才演奏家。1958年，十三岁的帕尔曼受邀在美国国家电视台的《埃德·沙利文秀》（ The Ed Sullivan Show 上）亮相，一曲《野蜂飞舞》令他一举成名，其才华很快受到小提琴大师艾萨克·斯特恩（Isaac Stern）的赏识。他最终获得了美国基金协会颁发的奖学金，开始在纽约茱莉亚音乐学院深造，师从当代著名小提琴教育大师伊凡·加拉米安（Ivan Galamian）和多萝西·迪蕾。

1963年，年仅十八岁的帕尔曼便登上了赫赫有名的卡内基音乐厅，举办了独奏音乐会。他的辉煌成功让他很快成为美国小提琴界的领军人物。1964年，帕尔曼在世界著名的莱温特里特（Leventritt Competition）国际小提琴比赛中获得最高奖，就此跨入世界优秀小提琴家的行列。在世界各地，意志顽强的帕尔曼在各种不同的音乐会、艺术节上同世界上几乎所有著名的交响乐团合作演出，每年举办一百多场音乐会。

帕尔曼的唱片一直位居销量榜最高之列，他已经获得了十六次格莱美大奖，其中包括一项终生成就奖。在电视领域，帕尔曼通过各种电视节目的制作，为成千上万的观众带去了欢乐和艺术的启迪。1992年，根据帕尔曼随同以色列爱乐乐团对苏联进行访问所拍摄的音乐记录片《帕尔曼在俄罗斯》（Perlman in Russia）获得了艾美奖的最佳纪录片奖。他与著名的电影音乐作曲家约翰·威廉姆斯合作，在斯皮尔伯格导演的影片《辛德勒的名单》中担任音乐独奏的部分，1994年该片和该片的音乐同时获得了奥斯卡奖。

帕尔曼几乎演奏过古今小提琴文献中的全部作品，古典主义的严谨性和浪漫主义的热情不羁被他演绎得恰到好处。1994年，帕尔曼来到中国，在上海和北京举行了音乐会，还在中央音乐学院举行了公开讲学和示范演奏。他对中国乐迷说，音乐就是他的生命。作为一名在世界范围内赢得广泛赞誉的艺术家，他的勤奋、谦逊和对待艺术的精益求精时刻激励着更多的后来者不断攀登艺术高峰。

代表作品：《辛德勒的名单》（Schindler's List）电影原声

作为杰出的小提琴大师，帕尔曼的代表作不在少数，但是必须承认，他在电影《辛德勒的名单》中演奏的那段如泣如诉的主题乐曲却是流传最广、为他带来全球知名度的作品。尽管市面上这首乐曲的演奏版本很多，其中不少还是来自著名小提琴家的演绎，但在情感的把握和渲染上，几乎无人能达到帕尔曼那种纯粹犹太人血液里流淌的因子才能激发出来的真情实感。在催人泪下的乐曲声中，帕尔曼把感情彻底揉碎，由他奏出的凄美旋律时刻向听者诉说着那段残酷而没有人性的黑暗岁月。整首主题曲中，帕尔曼的琴声并非一成不变的，他时而明亮、时而低回，倾注着个人全部情感的演奏无不令人动容。这首经典的电影配乐绝对是了解帕尔曼演奏最入门级的作品。

2017 年 11 月 15 日，在上海
外滩源主持西蒙·拉特与柏林
爱乐乐团的媒体见面会

西蒙·拉特（Simon Rattle）

　　崛起于二十世纪八九十年代的西蒙·拉特爵士 2002 年至 2018 年担任柏林爱乐乐
团的艺术总监兼首席指挥，目前任伦敦交响乐团的艺术总监。1955 年 1 月 19 日，拉特
出生于英国利物浦，七岁就能看懂管弦乐总谱，八岁加入青年乐队当打击乐手。十一
岁那年，他随父亲去听马勒的《第二交响曲（复活）》，指挥家的魅力和马勒的音乐使
他兴奋不已，起初还想成为爵士乐鼓手的他，转念想当一名指挥家。1970 年，年仅
十五岁的拉特首次登台，指挥皇家利物浦爱乐乐团演奏斯特拉文斯基的《春之祭》，以
"蓬头指挥神童"的绰号闻名于英国乐坛。

　　1971 年，拉特进入伦敦皇家音乐学院学习钢琴、打击乐和指挥。毕业那年，他参
加了约翰·普莱厄国际指挥比赛，脱颖而出，成为该项赛事有史以来最年轻的冠军，
立即被聘任为普利茅斯交响乐团助理指挥。之后，他回到家乡出任皇家利物浦爱乐乐
团的副指挥。1979 年，二十四岁的拉特告别故乡，来到伯明翰一年之后出任伯明翰市
立交响乐团首席指挥，1990 年被委任为该乐团音乐总监。

　　拉特成绩骄人，指挥过不少国际著名乐团。1977 年，他作为最年轻的指挥家登
上英国格林德堡歌剧节的舞台。1986 年，他又在那里上演了格什温的歌剧《波吉与贝

丝》（*Porgy & Bess*）。1999年，世界乐坛首屈一指的柏林爱乐乐团投票选举西蒙·拉特作为继阿巴多之后的乐团首席指挥兼艺术总监。面对这项任命，拉特爵士倍感意外，但后来他在"苟利爱乐生死以，岂因祸福避趋之"这句话的激励下来到柏林，开始了他"世界第一天团"的指挥生涯。

在柏林爱乐的十多年时间里，西蒙·拉特给乐团带来的变化是显而易见的：他首先建立了柏林爱乐的数字音乐厅，其次将更多当代音乐作品融入乐团的表演曲目之中，再次是提升乐团的演奏技术。最后一项则是更加完善音乐教育项目，其中值得一提的是2003年拉特和柏林的五百名学生合作，由柏林爱乐伴奏，在特雷托的体育场里上演了斯特拉文斯基的《春之祭》，这场演出可谓意义深远。

身为英国人，拉特爵士的另一项荣耀就是2012年，他率领伦敦交响乐团在伦敦奥运会的开幕式上进行了精彩的表演。说到中国，上海一直是拉特爵士最喜欢的中国城市之一，2017年11月16日和17日，柏林爱乐在他的带领下十二年之后再次登台上海东方艺术中心，连续两场音乐会在现场观众潮水般的喝彩声中落下帷幕。

代表作品：《马勒〈第二交响曲〉（复活）》（*Mahler: Symphony No.2 'Resurrection'*）

西蒙·拉特爵士素来和作曲家马勒的交响作品颇有渊源，尤其是他的《第二交响曲》。在这张作品之前，他其实和伯明翰市立交响乐团也录制过此曲，结果令他一举成名。如今和世界一流的柏林爱乐再度演绎，效果同样惊艳。相信如果您喜欢马勒，又恰巧是柏林爱乐的忠粉，这张碟是绝对不容错过的。

唱片整体音色饱满而通透，细节处理一向出色的柏林爱乐无论铜管、木管还是弦乐都有着绝佳表现。他们在拉特的指挥下演奏出的音乐快慢适中，流畅自然，让每一位听者在享受之余，深刻体会马勒交响艺术的真正魅力所在。

2005年9月8日，在上海交响乐团排练厅与安赫尔·罗梅罗以及他的孙女合影

安赫尔·罗梅罗（Angel Romero）

作为"罗梅罗吉他四重奏"（Los Romeros）成员之一，安赫尔·罗梅罗是当今世界上最杰出的古典吉他演奏家兼指挥家之一。

1946年，罗梅罗出生于西班牙，是著名吉他演奏家塞雷多尼奥·罗梅罗的第三个儿子。罗梅罗在六岁时就开始了他的职业生涯，跟随父亲和哥哥在西班牙举办音乐会。1957年，他离开祖国和家人赴美定居，五年后在美国首次登台演出，成为洛杉矶爱乐乐团的第一个吉他独奏者。在西海岸的一场音乐会上，他和乐团演奏了华金·罗德里戈的《阿兰胡埃斯协奏曲》，受到了高度赞扬。1970年，罗梅罗又与二哥佩佩·罗梅罗一起首演了罗德里戈为双吉他和管弦乐队而作的《牧歌协奏曲》（Coneierto Madrigal）。

2000年，在南加州大学桑顿音乐学院，他和二哥佩佩以及大哥塞林分别被授予"伊莎贝尔大教堂大十字勋章"（Grand Cross Of Isabel La Catolica）。同时，鉴于他们在音乐创作上的杰出成就，三人同被封爵。2007年，罗梅罗被美国录音协会以及格莱美颁奖典礼的制作人授予"录音艺术协会会长成就大奖"。

除了演奏弗拉门戈吉他以外，安赫尔还善于将流行音乐与吉他有机地融合，从而赋予听众全新的感受。他和英国伦敦交响乐团录制的《阿兰胡埃斯协奏曲》被许多吉他界的专业人士和爱好者评为该协奏曲的最佳版本。他弹奏的每一首曲子，都充满了诗意和优雅。除了吉他，他还拜师费城交响乐团的指挥尤金·奥曼迪学习指挥艺术，凭借流畅的指挥棒技巧和富有表现力的左手，展示音乐语言的独特魅力。

安赫尔·罗梅罗已经在世界乐坛活跃了超过半个世纪，他在音乐和美学上的非凡艺术造诣使其炙手可热，频繁地在世界的主要文化中心定期演出，其中就包括2005年9月，他与哥哥佩佩来上海与上海交响乐团合作了一场非常轰动的音乐会。

代表作品：《阿兰胡埃斯协奏曲》（*Concierto De Aranjuez*）

该曲是西班牙作曲家华金·罗德里戈最为著名的作品，创作于1939年。这首改编自十七世纪作曲家桑斯（Gasocr Sanz）的舞曲自1940年首演之后很快就成为吉他界最经典的作品之一。整首乐曲弥漫着一种西班牙式的忧伤，优美得令人难以言喻的旋律以及随处散发的浪漫色彩与自由奔放的活力，成了乐迷心中挚爱的吉他协奏曲精品佳作。

目前这首作品的录音版本恐怕有上百种之多，但作为德高望重的吉他皇族——罗梅罗家族的一员，安赫尔与伦敦交响乐团合作的版本绝对上乘。资深吉他乐迷或许知道，罗梅罗家族的音色向来以厚实、饱满、充满阳刚之气的特质而独步乐坛，其中安赫尔的技巧在其家族中更是首屈一指的。因此，相较于其兄佩佩的录音，安赫尔的演奏似乎略胜一筹，

其演奏诠释相当迷人、浪漫。再加上由普列文指挥的伦敦交响乐团与安赫尔的高超技巧搭配，更是相得益彰。

2017年12月26日，在上海大剧院新年音乐会发布会上与莫斯特交流，摄影：有贺萍萍

弗兰兹·威尔瑟-莫斯特（Franz Welser-Möst）

　　弗兰兹·威尔瑟-莫斯特（Franz Welser-Möst）是当今古典乐坛备受推崇的指挥家，曾任伦敦爱乐乐团首席指挥，现任美国克利夫兰乐团艺术总监。2010年至2014年他受命担任维也纳国家歌剧院音乐总监，其间指挥了2011年及2013年两届维也纳新年音乐会。

　　1960年，威尔瑟-莫斯特出生在奥地利东北部的大城市林茨。少年时代，他在学习小提琴时就对指挥萌发兴趣，后来一场车祸导致他神经受损，在被迫停止小提琴学习之后开始专攻指挥。二十六岁那年，他得到了自己的第一份正式的长期指挥合同——担任瑞典诺科平交响乐团的首席指挥，从此正式步入指挥生涯。

　　如同很多成名的指挥家一样，一个偶然的机会，莫斯特因为替人接棒指挥伦敦爱乐乐团，在萨尔茨堡音乐节上引起轰动。1990年，他走马上任，担任伦敦爱乐乐团的首席指挥。虽然受到一些评论家的质疑，但依然坚持到了1996年，离任时得到德奥音乐圈的一致肯定。在伦敦爱乐乐团期间，他指挥的一些作品在艺术上取得了不小成功，如弗朗兹·施密特（Franz Schmidt）的《第四交响曲》曾荣获《留声机》"最佳管弦乐专辑"大奖。

1989年，威尔瑟-莫斯特与圣路易斯交响乐团合作，开始了他在美国的处女秀。1993年2月，他应邀首次担任著名的克利夫兰乐团的客席指挥，凭借其才华，他很快被提升为该乐团的音乐总监。1995年到2002年，在苏黎世歌剧院担任音乐总监期间，莫斯特充分发挥了自己歌剧方面的优势，指挥了多达二十七部歌剧的首演，其中包括瓦格纳的《尼伯龙根的指环》，由此奠定了他在欧洲乐坛"新生代指挥"中的领军地位。

2005年，他又再次兼任苏黎世歌剧院音乐总监，一年之后，鉴于其在指挥方面的巨大成功以及奥地利本土指挥家的身份，奥地利政府任命他为维也纳国家歌剧院音乐总监。2011年，莫斯特成功地指挥维也纳新年音乐会，得到乐迷和媒体的广泛好评。《2011维也纳新年音乐会》CD在推出四周后，销量达到四万张，同名DVD光盘也售出超过一万张。如此巨大的成功，使维也纳爱乐乐团邀请威尔瑟-莫斯特再次执棒2013年新年音乐会。在录音作品方面，由他担纲指挥录制的布鲁克纳《第三交响曲》曾荣获格莱美奖提名。

代表作品：《布鲁克纳第五、第七交响曲》（*Bruckner Symphony No.5 & 7*）

尽管在威尔瑟-莫斯特担任伦敦交响乐团首席指挥期间，评论界对他的表现毁誉参半，但依然有很多乐迷将他指挥该乐团演奏的一系列布鲁克纳作品视为经典。安东·布鲁克纳作为奥地利作曲家，其最具代表性的作品是他创作的宏大交响曲，这些作品对于二十世纪音乐史有着巨大而广泛的影响。熟悉威尔瑟-莫斯特的乐迷一定知道，这位奥地利人在乐坛素以内敛和自信著称，他的指挥风格着力彰显奥地利式的精致、细腻，同时又不失浪漫。虽然这样的风格看似与伦敦爱乐乐团主流的大开大合的浪漫主义有些不合拍，但在这张专辑中，他在力求与该乐团更好地契合。我想正是因为这样的磨合，为他后来在美国克利夫兰乐团施展才华做了很好的铺垫。

2018年5月8日，在大隐精舍主持祖克曼与美国太平洋交响乐团见面会，摄影：有贺萍萍

平查斯·祖克曼（Pinchas Zukerman）

祖克曼是以色列裔的美国小提琴家、中提琴家和指挥家，被公认为二十世纪下半叶最伟大的小提琴家之一。他1948年7月16日出生于特拉维夫的一个犹太人家庭，四岁时通过录音机自学音乐，八岁考入特拉维夫音乐学院学习小提琴。十四岁时，他的天赋被小提琴教父斯特恩和大提琴泰斗卡萨尔斯发现，被推荐至美国纽约茱莉亚音乐学院学习，并师从斯特恩和伊凡·加拉米安。

1966年，祖克曼参加意大利斯波莱托音乐节，开始崭露头角。1967年，他在纽约参加第二十五届莱温特里特国际小提琴比赛，与韩国小提琴家郑京和并列第一名。1969年，祖克曼分别与伦敦交响乐团和纽约爱乐乐团录制了柴科夫斯基与门德尔松协奏曲的首张唱片，从此开始了成功的录音生涯，至今已发行超过一百多张唱片。

除了演奏之外，1970年祖克曼开始投身指挥，并加盟英国室内乐团、圣保罗室内乐团等。在纽约，他还是曼哈顿音乐学校的一员。祖克曼不仅是一位活跃的独奏家，也极为热衷于室内乐演奏。在他看来，世界乐坛向来不乏技术精湛的独奏家，但真正考验一位演奏家音乐修养的当属室内乐。

祖克曼获得过总共二十一项格莱美提名，两度获奖。作为小提琴独奏家，他曾在世界各地以及各大音乐节上与众多知名的指挥家和乐团合作演出。1997年4月，祖克曼首次访问中国，在北京举办音乐会。1999年至2015年，他受聘担任加拿大国家艺术中心交响乐团音乐总监。在此期间，他创立了专供青年艺术家、指挥家和作曲家学习管弦乐的专业院校，受到一致肯定。2013年他指挥该乐团进行中国巡演。2018年、2019年祖克曼分别领衔美国太平洋交响乐团和阿德莱德交响乐团在上海演出。

祖克曼非常在意年轻音乐家的教育。他一手创办了国家艺术中心青年艺术家项目，通过远程教学，为全世界各地的青年音乐学生带来高质量的大师班教学。祖克曼的演奏有很好的控制力和分寸感，既不夸张卖弄，也不过分热情。他在小提琴高音弦上的演奏极富穿透力，而在低音弦上的演奏则甜美和荡气回肠。对许多乐迷来说，祖克曼象征着古典乐坛几个时代的星光交替。

代表作品：《沃恩·威廉斯和埃尔加》（*Vaughan Williams & Elgar*）

作为祖克曼大师最经典的专辑之一，在这张由环球旗下的迪卡唱片发行的唱片中，祖克曼不仅担任了小提琴与中提琴的独奏，还同时指挥由比彻姆爵士创建的超过七十年历史的皇家爱乐管弦乐团，展示了他不可多得的"三栖"才华。

专辑在曲目的选择上具有较强可听性，基本为英国本土优秀的古典作品，包括沃恩·威廉士的《云雀飞翔》（*The Lark Ascending*）、《塔利斯主题幻想曲》（*Fantasia On a Theme By Thomas Tallis*），以及埃尔加的《爱的致意》（*Salut D'amour*）、《月夜》（*In Moonlight*）、《夜之香颂》（*Chanson De Nuit*）等。其中的《云雀飞翔》距他上次录制此曲已超过四十余年。而《月夜》则为世界头版录音，由埃尔加著名的《民歌》（*Canto Popolare*）改编而来，用中提琴、弦乐及竖琴演奏，恬静又不失优雅浪漫。

2018年5月8日，在上海大隐精舍与祖克曼面对面交流，摄影：有贺萍萍

2021年11月11日，在孔祥东家中进行专访

孔祥东

著名钢琴家孔祥东1968年10月22日出生于中国上海，毕业于上海音乐学院附中，师从范大雷先生。之后，他赴美国柯蒂斯音乐学院深造，成为我国第一位在好莱坞露天剧场演奏的钢琴家，也是第一位在维也纳金色大厅登场举办独奏音乐会的演奏家，被西方媒体誉为"一个世纪只能出一到两个、真正能激动人心的天才钢琴家"。

孔祥东少年成名，可谓意气风发。十六岁那年，他就在全国钢琴大赛上一举夺魁。随后，他又在莫斯科柴科夫斯基国际钢琴大赛和西班牙桑坦德尔国际大赛中有所斩获，成为最年轻的获奖者。1988年，他获美国吉纳·巴考尔国际大赛金牌大奖。1992年，他获澳大利亚悉尼国际比赛金牌大奖及四项特别奖，是当时最受瞩目的中国演奏家。

在美国留学十年之后，1997年孔祥东心怀报效祖国、开展艺术教育的使命，回到故乡上海，创办了孔祥东音乐艺术中心。同年，他还有幸投身音乐创作，其间与世界著名作曲家、曾因1988年汉城奥运会主题曲《手拉手》（*Hand in Hand*）而被中国乐迷所熟悉的意大利音乐家乔治奥·莫罗德尔（Giorgio Moroder）联袂创作了大型钢琴曲《西藏梦》，获得巨大成功。两位艺术家结成的友谊也促使他们在北京申奥期间再度携手创作了一曲《永远的朋友》。

作为钢琴演奏家，孔祥东曾为世界许多知名厂牌如贝塔斯曼旗下的"美国广播唱片公司"（BMG/RCA）、中国唱片公司等录制过专辑；2000年，他受邀参加澳门回归一周年庆祝音乐会，激情演奏的钢琴协奏曲《黄河》被热情称赞为"最为激动人心的演奏"。

然而，在事业上左右逢源的孔祥东也经历了人生的低谷。伴随着创作上所面临的巨大压力，他突然发现自己一手创建的教学机构似乎与他最初的办学理念渐行渐远，由此引发的负面情绪使他在探寻音乐的道路上一下子放慢脚步。几乎是在顷刻之间，孔祥东突然消失于大众视线，直到2018年，他才最终摆脱抑郁，重新扬帆事业。在致力于推广钢琴艺术的同时，他逐渐学会了如何用音乐启迪人的心智，健全人的心灵。进入信息网高度发达的网络时代，作为一个名副其实的"手机控"，孔祥东更青睐于透过APP创作自己的音乐。他的心愿就是借助互联网手段，让每个人参与"音乐创作"，成为艺术家。

代表作品：《爱你一万年》、《永远的朋友》（*Forever Friends*）

作为一名古典钢琴演奏家，孔祥东多年来一直从事着音乐跨界创意合作。他最为成功的作品当属和意大利国宝级作曲家、三次奥斯卡音乐奖获得者、韩国奥运会主题歌《手拉手》曲作者乔治奥·莫罗德尔两度合作的作品：由刘德华首唱的《爱你一万年》和2008北京奥运歌曲《永远的朋友》。

1999年8月28日，孔祥东成为第一个在世界屋脊——西藏拉萨举行大型音乐会的钢琴艺术家（也是至今唯一一位）。他与乔治奥·莫罗德尔一起创作的《西藏梦》大型钢琴组曲的首演获得了巨大成功。歌曲《爱你一万年》是该音乐会上演出的一首作品，由莫罗德尔和孔祥东一起完成了旋律创作，刘德华作词并作为"西藏梦——孔祥东拉萨大型音乐会"的演出嘉宾首唱了这首歌曲。如今，《爱你一万年》已经成为二十世纪九十年代末点播率最高的KTV金曲之一。

2018年12月1日，主持维也纳爱乐乐团及郎朗媒体见面会

郎朗

　　郎朗是一位来自中国、享誉世界的青年钢琴演奏家，他的崛起打破了西方演奏家始终占据世界乐坛主舞台的局面，为国人赢得了荣光。美国数家权威媒体曾将他称作"当今这个时代最天才、最闪耀的偶像明星"。

　　1982年，郎朗出生于中国辽宁沈阳的一个音乐世家，父亲郎国任曾是一名歌舞团的二胡演奏员。三岁时，郎朗师从朱雅芬教授，五岁就在沈阳钢琴比赛中获得第一名，并举行了他的第一次公开独奏会。九岁时，郎朗考入了中央音乐学院，师从赵屏国教授。1997年，年仅十五岁的他和父亲前往美国，在费城的柯蒂斯音乐学院继续深造，他当时的老师则是著名钢琴大师、院长盖瑞·格拉夫曼。1999年，十七岁的郎朗代替身体欠佳的演奏家安德烈·瓦兹（Andre Watts）在美国芝加哥拉维尼亚音乐节的"世纪庆典"明星音乐会上与芝加哥交响乐团合作演出柴科夫斯基《第一钢琴协奏曲》，他的表现顿时技惊四座，由此他开启了自己的辉煌演奏生涯。

　　作为"伯恩斯坦艺术成就大奖"的首位荣誉获得者，郎朗在世界许多大城市举办过独奏会和音乐会。他也是名震乐坛的柏林爱乐乐团、维也纳爱乐乐团和一些美国顶级乐团聘请的第一位中国钢琴家。从2004年5月被任命为"联合国儿童基金会亲善大使"到

"2004年度德国留声机音乐先生"，从"2010年上海世博会形象大使"到"英国皇家音乐学院荣誉博士""德国联邦十字勋章"，郎朗获得过的荣誉和参加过的重要活动不胜枚举。

2006年，一直肩负着向全世界推广中国音乐这一使命的他与著名古典品牌DG合作，全球发行了第一张纯中国音乐专辑《黄河之子》；2007年，他与克里斯托弗·埃森巴赫合作录制的《贝多芬第一/第四钢琴协奏曲》唱片获得了第五十届格莱美最佳器乐独奏家的提名。2008年，郎朗应邀担任2008年北京夏季奥运会开幕式的表演嘉宾。

放眼世界乐坛，如今的郎朗依然以他精湛的演奏以及富有激情、极为开放的肢体语言，成为推广古典音乐的佼佼者。2021年9月30日，郎朗作为特邀嘉宾参与了迪拜世博会开幕式，以琴声向中华人民共和国七十二周年生日致敬。

成名作品：柴科夫斯基《第一钢琴协奏曲》

这首作品是俄国作曲家柴科夫斯基创作的一部非常优秀的协奏曲。柴科夫斯基原本打算将这部作品交给著名的钢琴家和作曲家尼古莱·鲁宾斯坦来修订和首演，但是鲁宾斯坦对作品提出了无情的批评，令柴科夫斯基改变了初衷，将这部作品题献给了德国指挥家汉斯·冯·彪罗。

1999年，十七岁的郎朗在芝加哥拉维尼亚音乐节明星演奏会上，戏剧性地紧急代替身体不适的安德鲁·瓦兹，与芝加哥交响乐团合作演奏了柴科夫斯基的《第一钢琴协奏曲》，由指挥大师埃森巴赫指挥。这首作品情绪开朗、乐观，构思规模宏伟、波澜壮阔，音乐形象的交响性色彩斑斓、绚丽辉煌，非常适合郎朗的风格。虽然在他之前已有霍洛维兹、范·克莱本、阿格里奇等多位大师的演奏版本，但对于年轻气盛、初出茅庐的郎朗来说，这场激情四射的音乐会是他演艺生涯中浓墨重彩的一笔。

2020年12月10日，与郎朗合影

2005年5月"上海之春"国际音乐节举办期间，李传韵接受作者的特约专访

李传韵

李传韵素有"小提琴鬼才"之称，是国际知名的年轻一代中国演奏家中的佼佼者。意大利裔美国籍小提琴家鲁杰罗·里奇（Ruggiero Ricci）在欣赏了李传韵的演奏后这样评价道："如果中国渴望出现一位伟大的小提琴家，那么李传韵就是。他已具备一切必要条件，这个拥有超强能力、惊人速度并极富乐感的年轻人必将成就大业。"

1980年，祖籍广东东莞的李传韵出生在青岛市的一个音乐世家。五岁时，他参加了北京市少年儿童小提琴比赛，获得亚军。之后，他获得企业家蔡建中的赞助，跟随中央音乐学院林耀基教授学艺，随后获得全额奖学金的他前往茱莉亚音乐学院跟随"小提琴教母"多萝西·迪蕾（Dorothy Delay）、伊扎克·帕尔曼和孝康（Kyo Kang）习琴。在辛辛那提大学音乐学院深造时，他的老师除了多萝西·迪蕾以外，还有科特·萨斯曼豪斯（Kurt Sassmannshaus），后者对李传韵的才华欣赏不已。在他看来，很少有一个人能像李传韵那样在这么短的时间里将一个纯粹的想法转变为声音演奏出来。

多年来，舞台上的李传韵一直以他激情挥洒、善于即兴演奏的风格深受乐迷的喜爱。尽管有些专业人士对他过分自我发挥的性格颇有微词，但是他的天才技术以及演奏时流露出来的率真却被一致肯定。李传韵多次在国际比赛中夺魁，1991年，他赴波兰参加第五届里宾斯基与维尼亚夫斯基青少年国际小提琴比赛，成为该赛有史以来最年轻的冠军得主。1998年，他又在艾斯本音乐节（Aspen Music Festival）上赢得小提琴协奏曲比赛的冠军。

李传韵常常根据自己演奏时的心境和状态对乐曲进行再创造，使原有的高难技巧得以进一步展现，被誉为"现代的帕格尼尼"。2002年，他替著名导演陈凯歌的电影《和你在一起》录制小提琴独奏，其出色的表演更是被《华盛顿邮报》评为"犹如天籁的琴声，为这部电影添加了美丽动人的音响背景"。

在憨厚纯朴的面孔下，李传韵还有着一颗对祖国母亲的赤诚之心。在2003年非典肆虐时期，李传韵毅然从美国回到香港，用音乐向战斗在一线的白衣战士表示了慰问和感谢。在各种音乐会上，李传韵的演出服都有着浓郁的中国特色，无论是绣在前胸的龙图还是后背上的京剧脸谱，无不在向世界各地的听众传达着李传韵的心声："我永远是属于中国的演奏家！"

代表作品：《和你在一起》（*Together*）原声音乐

这是著名导演陈凯歌在2002年拍摄的电影作品，讲述了一个父亲带着身为小提琴天才的儿子参加小提琴比赛所发生的一系列故事，片中的小提琴演奏全部由李传韵担纲。鉴于本片中男主人公的部分经历与自己有点类似，李传韵在演奏把握上堪称完美，特别是那个小提琴少年站在车站前为临行的老父亲激情演绎的那段感人肺腑的音乐，将李氏出神入化的演奏技艺呈现得淋漓尽致。该片在美国上映时，《华盛顿邮报》给予了高度评价："可能在电影里最迷人的角色是在影片中出现最少的真正的音乐家李传韵，由这位天才小提琴家所演奏的让人几乎窒息的音乐，始终贯穿于整部影片。坦白地说，你很难断定到底是什么使你流泪，是甜蜜的那一刻还是李传韵激奋、美妙的演奏？"

2017年12月16日，主持上
海交响乐团会员俱乐部王健见
面会

王健

　　出生于1968年的王健是中国著名大提琴家，四岁开始学习大提琴，启蒙老师是他
的父亲。他九岁考入上海音乐学院附小，两年后与上海交响乐团合作公演了圣-桑的
大提琴协奏曲。1979年，美国小提琴家斯特恩（Isaac Stern）以民间文化交流使者的身
份首度访华，拍摄了名为《从毛泽东到莫扎特：艾萨克·斯特恩在中国》（From Mao
To Mozart: Isaac Stern in China）的奥斯卡获奖纪录片，在美引发巨大反响。纪录片中
那个戴着红领巾、被誉为"中国大提琴神童"的小男孩，就是当年的王健。

　　十三岁那年，王健作为"上海音乐小组"的独奏演员首次赴美国，在五个州举
办了五十多场音乐会。1985年，他在斯特恩的鼓励下赴耶鲁大学深造，师从帕瑞索
（Aldo Parisot）教授，1988年获耶鲁大学毕业证书后又以全额奖学金进入纽约茱莉亚
音乐学院继续深造，此时他签约了代表世界古典乐最高水准的DG，成为该唱片公司签
约的第一位中国艺术家。

　　1987年2月，王健首次在纽约卡内基音乐厅和以色列耶路撒冷音乐中心举行了独
奏会，获得高度评价。他在世界三十多个国家和地区举行过音乐会，在众多音乐厅留
下了自己的足迹。王健和世界很多顶尖乐团如柏林爱乐乐团、阿姆斯特丹皇家音乐厅

管弦乐团、费城交响乐团等进行过合作。他使用的大提琴由已故的林寿荣（Mr. Sau-Wing Lam）先生的家人慷慨借予。如今依然活跃在世界舞台的王健主要在英国伦敦和上海之间来往。他的演奏具有鲜明的个人风格，他的音乐追求细腻、抒情和温暖的格调，演奏有着丰富的表情变化，风格朴实无华又单纯内敛。

代表作品：《巴赫〈无伴奏大提琴组曲〉》

这部大提琴领域中类似"圣经"地位的作品，共包含六首组曲。它以其高超的技法和几乎无法逾越的"纯粹性"对演奏者提出了较高的演奏要求，曾被许多世界顶尖大提琴家演奏过，其中有的演绎稳重抒情，有的演绎张扬自由。

该曲大约创作于1717年至1723年巴赫担任科滕宫廷乐长期间。2005年，世界顶级古典厂牌DG出版了王健的这套唱片集，这可以间接地认为是对演奏家技艺的一种认可。同先前许多大师演绎的版本相比，王健的风格显然偏重沉思、近乎冥想的状态，值得向乐迷推荐。

2007年夏天，采访王健

爵士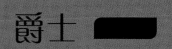

2015年10月16日，在上海
浦东福朋喜来登酒店采访
迪·迪·布里姬沃特

迪·迪·布里姬沃特（Dee Dee Bridgewater）

迪·迪·布里姬沃特是一位著名爵士唱作女艺人，曾荣获三项格莱美奖和一项托尼奖。她曾是美国公共广播电台（NPR）在全国上线的广播节目《迪·迪·布里姬沃特的爵士现场》（*Jazz Set With Dee Dee Bridgewater*）的主持人，还担任过联合国粮农组织的形象大使。

布里姬沃特1950年5月27日出生于美国田纳西州的孟菲斯，从小就在小号手父亲的影响下接触爵士音乐。二十世纪六十年代末，她在密西根州立大学念书时，还曾经随校爵士乐队访问过苏联。七十年代，布里姬沃特开始了自己的爵士乐生涯，她与当时许多伟大的爵士乐音乐家一起演出。1974年，她的第一张个人专辑《非洲蓝》（*Afro Blue*）问世。1975年，她凭借在百老汇音乐剧《绿野仙踪》中扮演好女巫葛琳达获得托尼奖"最佳女演员奖"，这部音乐剧还获得了1976年格莱美奖"最佳音乐剧专辑奖"。

八十年代，她远赴法国，勇闯新天地，涉足舞台剧、流行歌曲乃至广告歌曲。八十年代末及九十年代，她决意从流行和R&B舞台回归到爵士乐坛，将美国爵士和法国小资情调完美融合，将爵士性感成分推高到一个新高度。

布里姬沃特对音乐发自内心的喜爱，造就了她在乐坛上的巅峰之作。1997年，她献给爵士乐一代女伶艾拉·菲茨杰拉德的专辑《亲爱的艾拉》为她赢得了1998年格莱美"最佳爵士声乐专辑奖"。她1998年的专辑《在耀西现场》(*Live At Yoshi's*)也获得了格莱美奖的提名。

布里姬沃特经常在世界各地巡演。2009年10月16日，她在上海爵士音乐节开幕式上演唱了与艾拉·菲茨杰拉德相关的一些爵士曲目，无论音色还是音域，这位艺人均深得艾拉真传。为避免成为后者的影子，布里姬沃特注入了自己的天真甜美和奔放性感，她与乐队的配合特别是辅佐年轻音乐家以及注重与歌迷的沟通将爵士乐即兴表演的独特魅力展露无遗。2015年10月，她再度应邀登上第十一届"爵士上海音乐节"的舞台，歌迷对她的热情依旧未改。2017年4月和2018年，布里姬沃特分别荣获美国艺术捐赠基金奖颁发的"爵士大师奖"、塞隆尼斯·蒙克爵士学院和汉考克爵士学院颁发的"2018玛利亚·费舍尔奠基人奖"。

代表作品：《天使的眼睛》(*Angel Eyes*)

这是一首诞生于1946年的爵士乐名曲，曾作为1953年的电影《詹尼佛》(*Jennifer*)的插曲之一深受乐迷喜爱。此歌曾有过很多翻唱的版本，而1993年布里姬沃特在她的个人专辑《保持传统》(*Keeping The Tradition*)中的演绎绝对不容错过。这也是她十五年从事商业音乐表演之后回归爵士歌坛的第一张专辑里的歌曲，唱功老道，风韵犹存。

张明独家推荐

《亲爱的艾拉》(*Dear Ella*)

布里姬沃特在1997年为了向爵士传奇女伶艾拉·菲茨杰拉德致敬而录制的一张翻唱专辑。在爵士歌坛，很多人一直认为布里姬沃特无论在音色还是歌曲把控能力上都与艾拉存在几分相似。在专辑的标题曲《亲爱的艾拉》中，布里姬沃特采用了菲茨杰拉德惯常使用的"拟声"(Scat)技巧演唱，充分表露了她唱功的曼妙。这首歌也让她获得了当年的格莱美奖。

2016年1月30日，在上海东方艺术中心采访"乐满哈瓦那"朋友俱乐部，摄影：郭轶哲

"乐满哈瓦那"朋友俱乐部（Buena Vista Friends Club）

说起这个俱乐部的渊源，就得不得不提及"乐满哈瓦那"乐队（Buena Vista Social Club）。这支乐队成立于1996年，长期致力于重振古巴的传统音乐，其队名来自二十世纪四十年代流行于哈瓦那的同名俱乐部。

"乐满哈瓦那"本是于1949年在古巴首都哈瓦那开张营业的社交会所，舞台上有大乐队，台下则是舞池，这里是年轻男女们谈情说爱、纵情歌舞之地。后来，演奏的乐手因政治混乱而解散，俱乐部便关门大吉。1996年，乐队监制来到哈瓦那，寻回当年基本音乐班底。他把那些散落民间、几乎已经湮没无闻的、上了年纪的古巴传奇音乐人重新召集到一起，经过录音、排练、演出，终于在1997年推出了非常成功的唱片《乐满哈瓦那》（Buena Vista Social Club），唱片也荣获了美国格莱美大奖。

"乐满哈瓦那"乐队所展现的古巴音乐更接近于原声态的民歌，有时伤感，但并非爵士乐孤独的伤感，而是有点戏剧性的辗转反侧。"乐满哈瓦那"乐队的配器大多很简单，旋律性和节奏感结合得异常完美，被乐迷奉为"打击乐的麦加"。

1999年，一部关于乐队及成员经历的同名音乐纪录片问世。该片以写实的手法记录了被人们遗忘及冷落的古巴艺人。影片一经推出，就受到绝大多数人的肯定，并在国际大小影展上共获得十三座最佳纪录片奖。随着纪录片和音乐专辑的相继推出，古巴音乐又重新进入了人们视线。

"乐满哈瓦那"朋友俱乐部成立于1998年。乐队的队长兼鼓手为艾力奎·拉萨格·瓦罗纳，曾参与多张古巴传统音乐唱片的制作。此外，他还担任古巴国家艺术学院的教授以及古巴青年恰朗格青年乐团的项目主席。长期以来，由他率领的古巴艺术家在世界各地登台献艺。2016年1月30日，"乐满哈瓦那"朋友俱乐部首次登陆上海东方艺术中心，具有地域特色的拉丁爵士在上海乐迷中引发巨大轰动。

代表作品：《陈陈》(*Chan Chan*)

这是一首创作于1984年的知名度很高的古巴乐曲。从歌词来看，场景发生在海滩上，围绕两个主人公胡安尼卡和陈陈引发出一段故事。据创作人卡普内·赛日多（Company Segundo）所说，这是一则流传于乡间的故事，是他十二岁时听来的。后来叙事性歌词配上古巴爵士曲调，再由当地传统乐器演奏，配以男声伴唱，如今又被多数拉丁流行音乐人演奏。特别是1996年被"乐满哈瓦那"乐队录制成曲后，成为一首广为人知的古巴经典作品。

2005年4月20日，采访彼得·
辛科蒂

彼得·辛科蒂（Peter Cincotti）

彼得·辛科蒂是一位著名的美国创作型歌手。这位拥有意大利血统的爵士艺人1983年7月11日出生于纽约，三岁时开始弹钢琴。高中时，彼得经常在曼哈顿的俱乐部里表演，并曾有幸做客白宫。十八岁时，他被《纽约时报》誉为"下一代最有前途的钢琴演奏家之一"。

2003年，彼得推出自己的首张同名专辑《彼得·辛科蒂》，专辑收录的几乎都是清一色的传统爵士歌曲。有意思的是，唱片的合作者都是他的家人，包括母亲、姐妹和兄弟。该专辑登上了美国《公告牌》杂志爵士乐排行榜的榜首，彼得也成为有史以来最年轻的荣登榜首的爵士歌手。2004年，彼得的第二张专辑《月球之上》出版，这张融合了流行、爵士、放克（Funk）等多种曲风的专辑一经推出便夺得爵士乐排行榜的亚军位置。

之后几年，彼得的第三张专辑《天使镇的东边》（*East of Angel Town*）和第四张专辑《大都会》（*Metropolis*）收录了不少他的原创作品，市场反响依旧不俗。其间，他还同大卫·福斯特等数位著名音乐制作人有过不错的合作。

由于外型出色，彼得在时尚界也是风生水起，曾被著名的《Elle》杂志赞誉为

"扮酷人的重生"（The Rebirth of Cool），也是赫赫有名的意大利奢侈品牌 Tods 的首位男性代言大使，双方曾合作了音乐录影带《玛德琳》（*Madeline*）的拍摄。除此以外，彼得还与电音 DJ 大卫·库塔（David Guetta）和爵士乐前辈雷·查尔斯（Ray Charles）等重量级艺术家同台演出，大胆探索各种音乐风格，其跨越时空的交融给爵士音乐注入了新鲜的活力。

彼得不仅具有扎实的爵士乐功底，还跨界到电影银幕。2004 年，他在传记片《飞跃情海》（*Beyond The Sea*）中出演了一个小角色，并担纲电影配乐；同年，他又在电影《蜘蛛侠 2》中扮演一位钢琴手，还在美剧《纸牌屋》第三季中本色出演。作为一名全能艺人，2005 年彼得还曾亲临上海，为意大利男装品牌杰尼亚的亚洲旗舰店开幕担任表演嘉宾。

代表作品：《月球之上》（*On the Moon*）

此曲属彼得·辛科蒂自己创作的曲目，收录于他 2004 年发行的专辑《月球之上》中。与上一张专辑纯粹的传统爵士不同，这张唱片开始展示彼得在驾驭流行和放克曲风上的功力。尤其是这首长达五分多钟的《月球之上》，我以为风格更偏向于流行。尽管此曲在演绎上乏善可陈，但仍具备可听性，尤其是歌者对声音的把控以及初露锋芒的原创功力还是值得称赞的。

张明独家推荐

《摇摆》（*Sway*）

与笔者聆听的众多具有拉丁舞曲风格的版本不同，当时年仅十九岁的彼得在演绎这首爵士经典时，更显优雅绅士的迷人气度。同时，他与自己的三重奏乐团在配合上相当默契。此曲也是他 2003 年录制的首张同名专辑中比较出挑的一首作品，是一首纯粹的大都会爵士情歌。

2016年12月，在外滩源广场
主持林肯爵士中心科特·艾林
五重奏专场音乐会

科特·艾林（Kurt Elling）

台风和嗓音与"瘦皮猴"弗兰克·西纳特拉（Frank Sinatra）颇有几分相似的爵士唱作歌手科特·艾林1967年11月2日出生于芝加哥。他第一次对音乐产生兴趣完全是受了在路德教会当乐团指挥的父亲的影响。在明尼苏达求学时，艾林第一次接触爵士乐，后来因为差一个学分未能毕业，便干脆选择当一名爵士歌手。

起初，艾林基本上在芝加哥附近表演，他擅长的拟声唱法以及即兴编词的功力使他很快脱颖而出。在二十世纪九十年代早期，他录制了一盘试唱带，并幸运地与著名爵士厂牌"蓝调音符"（Blue Note）签约，并发行了六张专辑。2006年8月，艾林与爵士厂牌康科德（Concord）签订了新的唱片合约，很快于2007年发行了他与该公司合作的第一张专辑《夜舞》（*Nightmoves*）。艾林2009年的专辑《献给你》（*Dedicated To You*）被圈内人士公认为有史以来最好的爵士人声演唱专辑之一。

艾林获得过十项格莱美奖提名，其中《献给你》以及2021年的《秘密是最好的故事》为他赢得了两座格莱美"最佳爵士演唱专辑奖"。此外，艾林还曾八次荣获爵士记者协会评出的"年度最佳男歌手奖"，并在荷兰、波兰、德国等多次获得各类爵士奖项。作为一名拥有男中音音色的爵士歌手，艾林的音域达到了四个八度，几乎没有他不能驾驭的曲目。2012年，他分别斩获德国"回声"爵士音乐大奖和苏格兰爵士音乐奖一年之后又荣获"爵士调频"（Jazz FM）授予的"年度国际爵士艺人"称号，还受林肯爵士乐上海中心的邀请，数次来上海举办个人演唱会。

代表作品：《罗莎·莫雷那》（*Rosa Morena*）

尽管我曾经欣赏过巴西著名歌手舒奥·吉尔伯特（Joao Gilberto）演唱的这首具有浓郁波萨风情的曲子，但似乎对艾林的版本印象更为深刻。漂亮浑厚的男中音音色配以精致的编曲以及略微慵懒、松弛的节奏，将这首收录于1998年的情歌专辑《这一次就是爱情》（*This Time It's Love*）中的曲目唱得柔情万千，句句煽情，直触心底！

张明独家推荐

《你太美丽》（*You Are Too Beautiful*）

这首由美国百老汇音乐剧黄金搭档理查德·罗杰斯（Richard Rogers）与洛伦兹·哈特（Lorenz Hart）联袂创作于1932年的歌曲早在二十世纪四十年代就风靡一时。这首由科特·艾林重新翻唱的作品被收录于第五十二届格莱美得奖专辑《献给你——科特·艾林演唱科特兰和哈特曼演绎的音乐作品》当中，长达八分多钟的现场演绎版将即兴演绎和乐手即兴独奏部分呈现得令人惊叹不已。这才是爵士乐真正的魅力所在，它的激情、即兴时刻调动着听者的每一根神经。

2002年9月24日，在上海思考乐书局美罗城店主持劳拉·费琪歌友见面会，摄影：Connie & Jazzy Club

劳拉·费琪（Laura Fygi）

爵士歌坛虽然艺人众多，但要说与中国最有缘分的，恐怕要数劳拉·费琪了，她是首位打进美国《公告牌》杂志爵士乐排行榜的荷兰歌手。劳拉1955年8月27日出生于阿姆斯特丹，自幼在南美乌拉圭长大，从小就表现出对歌唱与表演的兴趣。曾任肚皮舞娘的母亲是第一个鼓励她的人，为她安排了歌唱和钢琴课。

成年后，劳拉充满灵性的歌声被唱片制作人发现，二十世纪八十年代成为荷兰著名的迪斯科女子乐队"中间页"（Centerfold）的一员。进入九十年代，她开始自己的个人演唱生涯。1991年，劳拉的个人专辑《引荐》（*Introducing*）问市，该作品不仅在全球二十四国发行，更让劳拉成为荷兰第一位登上美国《公告牌》杂志的歌手。1993年，著名爵士厂牌"神韵"（Verve）推出劳拉的专辑《意乱情迷》（*Bewitched*），歌艺愈发成熟的她以其丝绒般醇厚的嗓音和深情浪漫的唱腔确立了自己抒情爵士天后的地位。

劳拉是一位歌坛的翻唱高手，从九十年代中后期到2016年，她凭借自己的语言天分以及超凡的悟性，推出了十多张录室专辑，演绎了爵士、拉丁、香颂以及多首中文经典老歌。或许是因为多次在中国登台表演，劳拉似乎爱上了东方文化。2012年，她与中国最大的演艺娱乐公司合作，在2013年发行了专辑《女人花》（*Flower*），除了用中文演唱四首经典老歌以外，还用英文、法文演绎了其他歌曲。鉴于自己的音乐在亚洲，特别是中国市场的影响力日益扩大，劳拉开始与亚洲的环球唱片合作，并于2016年发行了自己的专辑《爵士恋曲》（*Jazz Love*）。2018年，她签约了中国的JZ Music，开始将事业的中心转移到了中国，光阴见证了这位传递爵士文化的使者不遗余力地拉近与中国乐迷的距离。

劳拉曾多次谦虚地表示，自己的音乐，严格来说并不能称为爵士乐，而是融合了拉丁风味与欧洲气质的一种特殊曲风。它带给人身临其境的异域风情，平易近人的旋律配上轻松温暖的唱腔，抚慰了都市人焦躁不安的心灵。

代表作品：《梦中有我》（*Dream a Little Dream*）

这是一首诞生于1931年的传统老歌，至今有超过六十个不同的演绎版本。在Verve厂牌为劳拉·费琪发行的专辑《意乱情迷》中，她以一种极为慵懒和柔情的处理手法再度演绎了这首名曲。那时的劳拉正值声线最优越的时期，罩着淡淡烟雾的嗓音加上性感高贵的肢体语言，这位当代流行爵士女伶透过此曲的演绎向世人展现着她与众不同的歌唱特色，也成就了《梦中有我》众多版本中最受乐迷青睐的版本之一。

▬▬ 张明独家推荐 ▬▬▬▬▬▬▬▬▬▬▬▬▬▬▬▬

《月亮代表我的心》（*The Moon Represents My Heart*）

作为华人世界传唱度最高的经典老歌，《月亮代表我的心》曾被西方很多艺人以不同的形式进行演绎，其中尤以劳拉·费琪的中文演唱版本最为惊艳。向来欣赏邓丽君情歌的劳拉以其非同凡响的语言天赋，仅花了一个星期就把这首中文歌曲演绎得极其到位，不仅伴奏与邓丽君原来的版本完全相同，而且从咬字到节奏的把握都极其精准，可以说是老外翻唱中最成功的案例之一了。

斯黛茜·肯特（Stacey Kent）

拥有漂亮女中音音色的斯黛茜·肯特（Stacey Kent）是一位曾荣膺法国艺术与文学勋章和格莱美奖提名的爵士歌手。她发行过十一张录音室专辑，唱片总销量超过两百万。在其音乐生涯中，还曾多次获得金唱片、白金唱片奖的肯定，足迹更是遍布世界五十多个国家。

童年时代的斯黛茜一直是校内文艺积极分子，经常在自己就读学校的咖啡厅进行公开表演。在伦敦市政厅音乐戏剧学院学习期间，她遇到了高音萨克斯管演奏手吉姆·汤姆林森（Jim Tomlinson），共同的理想使他们很快相爱并结为夫妇。二十世纪九十年代初，斯黛茜开始了她的职业生涯，定期在伦敦Soho区波希米亚咖啡馆演唱。

斯黛茜的第一张专辑《闭上你的眼睛》（*Close Your Eyes*）于1997年发行。2003年，她的专辑《邻家男孩》（*The Boy Next Door*）在法国获得金曲奖；2007年，她的专辑《早班车上的早餐》（*Breakfast on the Morning Tram*）获得法国白金唱片销量。2008年，她在德国获得双黄金唱片销量，2009年更是获得格莱美奖"最佳爵士声乐专辑"的提名。进入2010年，斯黛茜也不断有高质量的作品问世，特别是2017年她为索尼唱片灌录的《我知道我梦想：管弦乐现场》，首度联手五十八名音乐家组成的管弦乐团。

斯黛茜的歌声总给人耳目一新之感，她既有爵士巨星比莉·霍丽黛（Billie Holiday）和艾拉·菲茨杰拉德那样的独特气质，又不失传奇艺人奈特·金柯尔（Nat King Cole）那般纯净清晰、抑扬顿挫的嗓音。她的音乐受到许多文学家的青睐，诺贝尔文学奖获得者、日裔作家石黑一雄曾为她的专辑作词，而畅销小说家约翰·哈维（John Harvey）则在他的小说中提及斯黛茜演唱的场景。

斯黛茜的歌曲中讲述着永恒不变的故事，总是触动着不同年龄听众的心弦。在这个音乐趣味因年龄而不断分化的年代，却时常有很多一家三代人同赏她的演出的场面。浪漫是斯黛茜音乐的主题，2006年她作为歌手参与丈夫汤姆林森制作的专辑《抒情诗》（The Lyric），这张专辑在2006年BBC爵士音乐奖上获得了"年度最佳专辑奖"。这也是她和丈夫合作得最好的一次，汤姆林森的萨克斯管和斯黛茜的嗓音完美融合，臻丁化境。

代表作品：《冬日花园》（*Jardin d'hiver*）

《冬日花园》出自2010年著名爵士厂牌"蓝调音符"为斯黛茜发行的法语专辑《告诉我》（*Raconte Moi*）。在唱片中，歌者以香颂的方式唱出一首首弥漫着法兰西浪漫情怀的多首爵士乐曲，《冬日花园》就是其中之一。斯黛茜以其特有的"当代伊迪特·琵雅芙"（Edith Piaf）的风范，用迷人的歌声为听者还原冬日花园日头煦煦、与光伴读、享受温暖幸福的意境。

张明独家推荐

《多么美好的世界》（*What a Wonderful World*）

这首爵士传奇大师路易斯·阿姆斯特朗最经典的作品在斯黛茜·肯特最为成功的专辑之一《早班车上的早餐》被重新演绎，那极具民谣爵士的乐器编配将斯黛茜充满质感、清新脱俗的音色呈现得淋漓尽致。选择一个宁静的夜晚，尝试着让歌者的低吟浅唱缓缓将你包围。那是一种粉红色的感觉，融合了歌词中为我们呈现的美好与乐观。这个精彩的版本值得反复循环聆听。

2017年7月6日，在林肯爵士乐上海中心与温顿·马萨利斯合影

温顿·马萨利斯（**Wynton Marsalis**）

　　温顿·马萨利斯是享誉世界的小号演奏家、作曲家、音乐教育家，美国纽约林肯中心的现任艺术总监。他录制的爵士乐唱片在全球总销量多达七百万，曾在除了南极洲以外的各大洲多达三十个国家进行过巡演。

　　温顿·马萨利斯1961年10月18日出生于美国路易斯安那州的新奥尔良市。他成长于爵士乐音乐"第一家庭"，父辈和兄弟都是爵士乐音乐家。长期以来，马萨利斯一直致力于向年轻人推广古典音乐和爵士音乐。他在这两个领域取得了十分瞩目的成就，先后至少九次获得格莱美奖的首肯，其中一年还同时获得古典奖项的首肯。更了不起的是，他凭借清唱剧《田野上的血迹》（*Blood on the Fields*）获得了普利策奖，这在爵士音乐人当中是个难得的成就。

　　1979年，温顿·马萨利斯搬到纽约市，进入茱莉亚音乐学院学习。在此期间，他与小号发明家伍迪·肖一起学习，与无数爵士音乐家一起演出。1983年，年仅二十岁的他成为唯一一位在同一年分别在古典与爵士领域获得格莱美的艺人。1995年，美国公共广播公司（PBS）推出了《马萨利斯谈音乐》（Marsalis on Music），这是一档关于爵士乐和古典音乐教育的电视系列节目，由他亲自主持并担任编剧。

1987年，鉴于马萨利斯在纽约林肯中心举办的夏季系列演出大受欢迎，1996年7月，"林肯中心爵士乐"正式成为林肯中心的新组成部分。2004年10月，马萨利斯开办了世界上第一个爵士音乐厅，包括表演、录音、广播、排练和教育等设施。2017年7月6日，林肯爵士乐中心境外唯一分中心——"林肯爵士乐上海中心"在南京东路举行了"外滩·中央"揭牌仪式，马萨利斯专程来上海为中心揭牌。

作为一名作曲家、教师、音乐教育家和爵士乐艺术总监，马萨利斯经常向年轻听众推广古典音乐和爵士乐。十多年来，他主持了无数场爵士乐师资讲座，以个人形象与声望，从基础教育着手来推广爵士乐。在他的努力下，爵士乐演奏家的形象逐渐与古典音乐家并驾齐驱，慢慢拥有了同等的声望与社会地位。

代表作品：《诺兹·莫金》（*Knozz-Moe-King*）

这是温顿·马萨利斯首次夺得1983年格莱美奖个人演奏奖的专辑《想到一个》（*Think of One*）中的开场曲。年轻有为的马萨利斯在此曲中向乐迷展示了自己精准的小号演奏技巧，其艺术上追求的大胆、外向和精准在这首波普风格的乐曲中展现无疑，再加上闻名遐迩的钢琴大师肯尼·柯克兰（Kenny Kirkland）和马萨利斯的哥哥、萨克斯管演奏家布拉福德·马萨利斯（Branford Marsalis）的助阵，让人毫不怀疑这是马萨利斯职业生涯最优秀的作品之一。

张明独家推荐

《这是夏日最后一朵玫瑰》（*'Tis Last Rose Of Summer*）

这是《温顿经典时刻》（*Classic Wynton*）精选专辑中的曲目。这张发行于1998年10月底的唱片尽情展示了这位小号演奏家对于多元化风格的精准驾驭，从巴洛克时期到二十世纪当代作曲家的作品都演绎得精准到位，极具可听性。这首《这是夏日最后一朵玫瑰》由法国著名小号演奏家让-巴普蒂斯特·阿尔班（Jean-Baptiste Arban）创作，整首圆舞曲轻快跳跃。作为小号独奏的温顿·马萨利斯与管弦乐团配合默契，造就了这张专辑中最柔情华美的曲目。

跨界 ▬

2012年8月2日，"布雷克"首次访沪演出，在上海广播大厦接受采访，摄影：巫艳婷

"布雷克"组合（Blake）

融合古典与流行，给音乐界带来风暴式冲击的跨界组合"布雷克"，于2007年在英国成立。该组合目前的三位成员欧利 · 贝恩斯（Ollie Baines）、斯蒂芬 · 鲍曼（Stephen Bowman）和亨弗莱 · 伯尔尼（Humphrey Berney）是同窗好友。该组合通过网络平台脸书（Facebook）互相结识，聚合而成。组合成立之初，还有过其他两名成员，分别是2009离队、曾参与首张专辑录制的多米尼克 · 泰伊（Dominic Tighe）以及2013年1月离队、非常帅气的朱尔斯 · 奈特（Jules Knight）。

这支型男组合之所以取名为"布雷克"，据说是受了英国诗人兼画家威廉 · 布雷克（William Blake）名字的启发。2007年10月，"布雷克"发行了首张同名专辑便一鸣惊人，三周卖出十万张唱片，夺得了全英音乐奖"年度最佳古典唱片奖"。2009年，在第二张专辑《如此这般》（And So It Goes）获得成功之后，"布雷克"创立了他们自己的唱片品牌，并很快发行了第三张专辑《在一起》（Together），为此他们还在斯堪的那维亚一连三十个晚上举办演出。

之后，"布雷克"因在威廉王子婚礼上带来广受好评的表演而引起公众关注，一首专门为婚礼而定制的歌曲《我的全部》将他们推到了聚光灯下。2012年，"布雷克"

开始与中国结缘。他们参加了第十五届上海国际电影节闭幕式的表演，同时还发行了两张新专辑和一张圣诞歌曲集，并参与了很多慈善活动。

2016年，他们在北京电视台于水立方举办的"环球春晚"上再次演唱《我的全部》。2018年春，为了纪念从艺十周年，他们出版了纪念唱片并很快冲上了古典排行榜首位。这张大手笔的作品专门邀请了大编制管弦乐团以及合唱团共襄盛举。同年年末，"布雷克"再次来到中国，在上海东方艺术中心为观众带来了一场完美的视听盛宴。

代表作品：《1492-征服天堂》（*1492-Conquest Of Paradise*）

这是作品原本是为希腊先锋派音乐大师范吉利斯（Vangelis）为《1492征服天堂/哥伦布传》谱写的主题音乐，后被填词改编、收录在"布雷克"获得全英音乐奖肯定的首张同名专辑中。虽然这只是一首翻唱作品，几位成员还是表现出高水准的和声唱功，营造出一种空前磅礴的人合唱架势。

张明独家推荐

《我的全部》（*All of Me*）

这首歌曲是"布雷克"在2011年发行的一首成功的单曲，作品依旧属于乐队最为擅长的轻摇滚抒情风格。与其他作品不同的是，此歌曾被选为英国威廉王子和凯特王妃举办婚礼时的音乐，呈现的是"为你将爱倾我所有"这样的浪漫主题，"布雷克"也因为这首作品得到英国全民关注。

2018年10月20日，与"布雷克"组合作客上海渔光邨屠女士家

莎拉·布莱曼(Sarah Brightman)

被誉为"月光女神"的莎拉·布莱曼大概是中国知名度最高的跨界女艺人了。虽然她早年因为出演音乐剧大师安德鲁·劳埃德·韦伯创作的《剧院魅影》中的女主角克莉丝汀而被大家所熟知,但进入九十年代后,离开了音乐剧舞台的莎拉·布莱曼似乎重新迎来了她个人事业的巅峰期。她除了与西班牙男高音歌唱家卡雷拉斯为巴塞罗那奥运会演唱主题曲《永远的朋友》(Amigos Para Siempre)以外,最为标志性的事件便是联袂意大利盲人歌唱家安德烈·波切利为德国拳击明星亨利·马斯克(Henry Maske)告别赛演唱的那首《告别的时刻》。这首连续十四周盘踞德国排行榜首位的歌曲,成为古典与流行跨界领域的典范之作,全球销量达一千两百万。

此后莎拉·布莱曼接连以个人专辑《伊甸园》(Eden)和《月光女神》(La Luna)迎来职业生涯的巅峰,她那空灵天籁的美妙歌声也为她赢得了"大眼妹""月光女神"等众多称号。2001年和2003年,她在推出《精选莎拉·布拉曼》(Classics)和《哈莱姆》(Harem)两张专辑之后展开的巡演受到热烈欢迎,并一度跻身美国最有影响力的英国艺人行列。

鉴于莎拉·布莱曼在中国的影响力,2008年,她应邀与中国著名歌手刘欢为北京奥运会开幕式演唱了主题曲《我和你》(*You and Me*)，并在时隔一年之后出任上海世博会在英国的宣传大使。2019 年，在为自己的第十五张专辑《赞美诗》(*Hymn*) 完成了五大洲总共一百二十五场演唱会之后，莎拉·布莱曼时隔二十多年再次登上伦敦皇家阿尔伯特大厅演出。

成名作品 :《剧院魅影》(*The Phantom of the Opera*)

这是莎拉·布莱曼代表作、音乐剧《剧院魅影》当中的一首经典插曲，由剧中女主角克莉丝汀和"魅影"共同演绎。早在该剧首演之前，作为推广之用，创作团队便率先推出了由莎拉与歌手斯蒂夫·哈雷（Steve Harley）合作灌录的这首歌曲。在录制过程中，这首颇具摇滚特色的歌曲在制作人迈克·拜特（Mike Batt）的处理之下，又增添了浓浓的电子色彩，精彩的金属吉他演奏也成为了此曲的亮点之一。

张明独家推荐

《告别的时刻》(*Time to Say Goodbye*)

这首歌原本是一首意大利歌曲，最初是盲人歌唱家安德烈·波切利在 1995 年圣雷莫音乐节上演唱的一首歌，并收录在他的个人专辑《波切利》(*Bocelli*) 当中。后来为

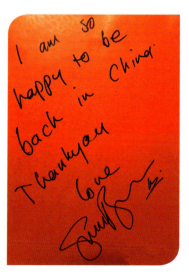

了献给德国拳王告别赛，重新填上英文歌词，经莎拉提议，由她与波切利合作演唱，雄踞欧洲各国排行榜榜首，创下全球一千两百万销量。其舒缓优美而不失大气的旋律，配以流行与美声完美的融合，男女歌手声情并茂的演绎让听众心潮澎湃，如痴如醉，堪称跨界歌曲中的典范之作！

莎拉·布莱曼的签名

2018年7月30日，在上海老
鬼俱乐部与理查德·克莱德曼
合影，摄影：俞丽娜

理查德·克莱德曼（Richard Clayderman）

　　情调钢琴家理查德·克莱德曼（Richard Clayderman）是中国乐迷最为熟悉的情调钢琴家之一。他除了擅长演绎法国本土作品以外，对于流行音乐、电影配乐、民族音乐和古典音乐通俗化改编也很有心得。

　　1953年12月28日，理查德·克莱德曼出生于法国巴黎。童年时，他跟随父亲学习钢琴。十二岁时，他被巴黎音乐学院录取，十六岁就在学校音乐比赛中获得第一名，并以优异的成绩毕业。之后父亲的病使他的生活陷入拮据，他一时无法实现自己的梦想，成为一名古典钢琴家。为了谋生，他找了一份银行职员的工作，并为当时的一些乐队及法国歌手伴奏。

　　1976年，克莱德曼迎来了人生的一次重要转折点。他应法国唱片制作人奥利维尔·杜尚（Olivier Toussaint）的邀请参加考试，在众多候选者中脱颖而出，获得了录制《水边的阿狄丽娜》的机会。这首优美的乐曲使他一举成名。在三十八个国家售出了两千两百万张唱片，大大超出了预期一万张的目标，克莱德曼流畅华丽的钢琴演奏犹如一股旋风席卷全球。此后，他又推出了大量优秀作品，不断提升自己的知名度，轻松的旋律和俊美的形象成为他独有的标识。克莱德曼以古典音乐为基础，将现代音乐融入其中，开创了一种全新的浪漫风格情调。

  作为一名追求"新浪漫主义"的钢琴家，克莱德曼录制了一千两百多首乐曲，拿一名德国记者的话来说，他已经成为自贝多芬以来普及钢琴最成功的演奏家。他大部分时间都用在音乐会表演上，曾在两百五十天内演出了两百场。理查德·克莱德曼对于中国钢琴启蒙的意义远远超过了他本人的钢琴水平。在九十年代，只要是买得起录音机的家庭，几乎都拥有一盘他的卡带。封面的黑色背景下，一头金发的克莱德曼身着湛蓝色的西服，朝着全中国微笑。克莱德曼是目前世界上改编并演奏中国音乐作品最多的外国艺术家之一，几乎每年他都会来中国举办新年音乐会，对中国有着极为深厚的情谊。

成名作品：《水边的阿狄丽娜》（*Ballade Pour Adeline*）

  此曲原名为《给爱德琳的诗》，当年理查德·克莱德曼被德尔菲那唱片公司（Delphine）选中演奏了这首由公司创始人之一保罗·尚勒维（Paul de Senneville）为他新出生的女儿阿狄丽娜创作的乐曲而一举成名。整首曲子的旋律优美动听，寓意浪漫，让听者充满着美好的想象。这样将音符与故事相结合，用时而跳跃，时而如溪流奔腾的节奏寻求与人心灵契合的用心，或许就是对情调音乐最好的诠释。

张明独家推荐

《童年记忆》（*Childhood Memories/ Souvenires D'Enfance*）

在这首乐曲的MV中，理查德·克莱德曼一头金发，眼神深邃迷人，潇洒又专注地弹奏着这首给我们带来太多时代记忆的优美乐曲。这是他的招牌乐曲之一，在我的记忆中，那个时候如果不会弹《童年记忆》，都不好意思说自己学过钢琴。就演奏而言，克莱德曼或许算不上世界顶级的钢琴家，然而在中国，正是他带有浓烈真情实感的演奏让很多人见识到钢琴的魅力。

理查德·克莱德曼珍贵的
签名唱片，摄影：俞丽娜

2018年10月9日，在上海东方艺术中心主持"美声男伶"组合听友见面会。摄影：有贺萍萍

"美声男伶"组合（Il Divo）

作为目前全球最具影响力的美声跨界组合，"美声男伶"于2003年12月在英国成立，组合的名称在意大利语里的意思为"神圣的表演者"。人如其名，四位型男歌唱家乌尔斯·布勒（Urs Buhler）、卡洛斯·马林（Carlos Marin）、大卫·米勒（David Miller）和塞巴斯蒂安·伊赞巴德（Sebastian Izambard）分别来自瑞士、西班牙、美国和法国。在幕后推手、被誉为英国"选秀之父"的西蒙·考威尔（Simon Cowell）的大力引荐之下，"美声男伶"依靠他们扎实的声乐歌唱技巧，开创了跨界音乐中"流行歌剧"（Popera）潮流，全球唱片销量达到惊人的三千多万。

2005年，他们成为历史上第一个登上美国《公告牌》排行榜榜首的古典跨界组合。他们第一次全球巡演的足迹遍布十八个国家的六十九座城市。2006年，《吉尼斯世界纪录大全》将"美声男伶"列为商业上最为成功的古典跨界组合。

"美声男伶"的四位成员来自不同国家，他们善于将艺术美声与诸如波莱罗舞曲、民谣、探戈、宗教和拉丁等不同音乐元素融合在一起，使用英语、意大利语与西班牙语等多种语言。跨越语言的表演使"美声男伶"赢得了更为广泛的乐迷听众。2012年，他们首次在中国成功举行巡演。六年之后，他们再度来华，除了在上海东方艺术中心举办了一场空前热烈的粉丝见面会之外，还带给观众一场既奔放热烈、诙谐幽默又缠绵悱恻的浪漫情歌专场音乐会。

成名作品：《回到我身边》（*Regresa A Mi*）

这是"美声男伶"2004年出版的首张专辑的标题主打歌，也是美国著名女歌手托尼·布莱克斯顿（Toni Braxton）1996年发行的畅销曲目《别伤害我的心》（*Un-break My Heart*）的西班牙语版本。作为一个跨界组合，"美声男伶"擅长将经典的英文歌曲以他们自认为最浪漫的西班牙语重新演绎。当年作为组合的经纪人，西蒙·考威尔（Simon Cowell）从歌曲创作人黛安·沃伦（Diane Warren）那儿买下了歌曲版权，而"美声男伶"也不负众望，将这首作品重新演绎后以处女专辑主打单曲的名义推向市场，结果一炮而红。

张明独家推荐

《我们生命的时刻》（*The Time of Our Lives*）

这首歌曲是"美声男伶"与美国著名女歌手托尼·布莱克斯顿携手为2006年德国世界杯足球赛演唱的一首官方主题曲，这也是该组合真正意义上打开美国市场的一首晚会性质的歌曲。与以往同类型的作品相比，《我们生命的时刻》风格偏向抒情，注重配合与技巧的呈现。虽然少了一点运动歌曲特有的令人热血沸腾的特质，但仍不失为一首可听性与艺术性兼备的佳作！

2018年10月10日，在上海东方艺术中心后台与"力量之声"组合成员一同祝贺"美声男伶"演出成功

2007年6月14日，在上海王宝和大酒店采访乔琪亚·福曼蒂，摄影：巫艳婷

乔琪亚·福曼蒂（Giorgia Fumanti）

　　生活在加拿大蒙特利尔，仪态优雅的乔琪亚·福曼蒂是一位意大利裔的跨界美声女歌手。多才多艺的她除了歌手的身份之外，还是一位作曲家、制作人和编曲人。

　　1975年，福曼蒂出生于意大利的托斯卡纳，曾在帕尔马当地的音乐学院专修声乐。2002年，她随丈夫一起移居蒙特利尔。2007年，她发行了首张专辑《芳心美声》（*From My Heart*）。这张在伦敦著名的"艾比路录音室"（Abbey Road Studios）录制的唱片一经推出就不同凡响。福曼蒂优美的歌声结合管弦乐团轻柔而富有煽情效果的演奏，散发出静谧、高雅的气息，很快就登上了美国权威的《公告牌》杂志"跨界音乐排行榜"前二十名。截至2010年，福曼蒂的专辑已经卖出了一百二十多万张，巡演足迹遍布欧洲、亚洲和北美各地。2006年，男高音歌唱家卡雷拉斯在众多歌唱家中挑选了福曼蒂，担任他东南亚巡演的特别表演嘉宾，2007年，在英国伦敦汉普顿宫音乐节上，福曼蒂与卡雷拉斯在皇家爱乐乐团的伴奏下再度合作。

　　福曼蒂与中国特别有缘分。在2010年上海世博会上，她与中国男中音歌唱家廖昌永共同演唱了主题曲《城市，让生活更美好》。七年之后，她正式启动中国巡演。

　　福曼蒂热心慈善事业，积极投身公益工作，长期帮助残障儿童。她曾担任大脑性麻痹协会的世界大使，通过举办音乐会来提高人们对这种疾病的认识。2019年，她推出了自己的第十二张录音室专辑《我们的爱》（*Aimons-Nous*），专辑主要收录了富有魁北克特色和法兰西特色的流行歌曲。

代表作品：《你的爱》（*Your Love*）

该曲选自乔琪亚2007年签约主流音乐厂牌EMI发行的第一张专辑《芳心美声》，采用了意大利国宝级电影配乐大师莫利康内为经典影片《西部往事》所谱写的主题旋律。乔琪亚天籁一般的美声犹如仙女下凡，让每一位听众陶醉不已。

笔者发现，这张唱片为了契合市场，选用了不少莫里康内的作品。乔琪亚对这位前辈作曲家的音乐赞赏有加，因此在这首歌曲中我们可以感受到这位美声歌唱家的投入。正如不少圈内人评价的那样，她的演绎既有安德烈·波切利和莎拉·布莱曼的激昂，也有恩雅的高贵和优雅。

—— 张明独家推荐 //

《回家》（*Going Home*）

《壮丽》（*Magnificat*）是乔琪亚个人的第四张专辑。作为给女儿的礼物，她演绎了这首根据著名作曲家德沃夏克《第九交响曲（自新大陆）》第二乐章中一段经典旋律重新填词后改编的歌曲《念故乡》。这段充满对故乡无限深情的美丽旋律，通过这位女高音歌唱家干净透彻的嗓音，以一种超凡脱俗、浅吟低唱的方式传递给我们，令人百听不厌。

194

2012年2月29日，采访大卫·盖瑞特，摄影：李向荣

大卫·盖瑞特（David Garrett）

被誉为"古典乐坛贝克汉姆"的大卫·盖瑞特出生于德国亚琛。他从小天赋过人，四岁时无师自通，就会演奏哥哥的那把小提琴了。七岁时，因为对小提琴感兴趣，他进入吕贝克音乐学院（Lübeck Conservatoire）学习。十二岁，盖瑞特师从波兰著名小提琴演奏家伊达·韩德尔（Ida Haendel），并经常去伦敦和欧洲其他城市游历。十七岁时，他离家去了伦敦皇家音乐学院深造，后来因为求学理念与学院相差甚远，最后只读了一个学期就辍学了。1999年，大卫·盖瑞特前往纽约茱莉亚音乐学院，师从小提琴大师伊扎克·帕尔曼。为了增加收入，他还在业余时间兼任模特。

值得一提的是，因为在十一岁时曾经为当时的德国总统魏茨泽克（Richard Von Weizsacker）演奏，他幸运地获得了第一把斯特拉迪瓦里小提琴（Stradivarius）。十三岁时，他成为德国知名古典品牌DG旗下最年轻的签约艺人，并完成了两张专辑的录制。十六岁时，大卫·盖瑞特有幸与指挥大师祖宾·梅塔所在的慕尼黑爱乐乐团合作，知名度也由此不断攀升。终于在二十一岁那年，他成功登上了"BBC逍遥音乐会"的舞台。

由于外型出众，2013年，大卫·盖瑞特出演了电影《魔鬼的小提琴家》（*The Devil's Violinist*），扮演十九世纪著名小提琴家尼克罗·帕格尼尼。作为一名游走于古典、摇滚和流行的小提琴演奏家，大卫·盖瑞特曾连续发行了一系列的跨界专辑，如《大卫·盖瑞特》（*David Garrett*）、《安可曲》（*Encore*）、《摇滚交响曲》（*Rock Symphonies*）、《爱的忧伤》（*Legacy*）、《爆裂小提琴》（*Explosive*）等，都取得了出色的销售成绩。放眼当今乐坛，大卫算得上是唯一一个能同时将古典榜及流行榜通吃的提琴超级玩家。2020年10月，除了发行个人专辑《活着：我的原声带》（*Alive: My Soundtrack*）之外，他还在德国艾费尔一级方程式大奖赛开幕仪式上演奏了德国国歌。

成名作品：《野蜂飞舞》（*The Flight of the Bumble Bee*）

此曲原本出自俄罗斯作曲家尼古拉·里姆斯基-科萨科夫之手，选自他所作的歌剧《萨旦王的故事》第二幕第一场，后来常被小提琴家、钢琴家等用来独奏。这首曲目对于大卫·盖瑞特来说意义特别，因为在2008年，他曾以一分六秒五十六，等于是每秒十三个音符的惊人速度，精准地演奏完这首作品，并打破了吉尼斯世界纪录，成为"全世界速度最快的小提琴手"！

张明独家推荐

《生命万岁》（*Viva La Vida*）

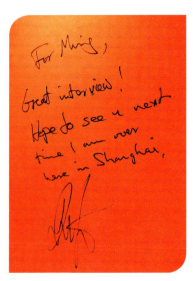

作为跨界小提琴手，大卫演绎过很多首摇滚艺人的作品。我对于这首作品的印象，先是来自他拍摄的MV实在是酷炫至极，后来在采访中发现他对这首曲子素来情有独钟，因为这首来自英国著名摇滚乐队酷玩乐队（Coldplay）的畅销曲在音乐结构上与巴赫的赋格创作手法极为相似。于是，在诠释这首歌曲时，大卫借助效果器来营造出宛如管弦乐团伴奏的层次感，听来震撼至极，过耳不忘！

2012年2月29日，在上海世茂皇家艾美酒店采访大卫·盖瑞特时艺术家留下的签名

2016年6月18日，在上海东方艺术中心采访姬神二代星吉纪，摄影：王瑠迦（雷吟文化）

姬神（Himekami）

说到日本本土新世纪音乐的领军人物，能够与喜多郎齐名的恐怕只有"姬神"组合中的星吉昭了。如果说前者的音乐注重气势恢宏，倾向国际化路线，那么后者的音乐则完全扎根于日本本土，蕴含更多的民族风韵。尤为令人惊叹的是，有时星吉昭创作的曲子在追求中国古典韵味上与中国作曲家相比有过之而无不及。早期我国港台地区古装剧中的音乐，其实不少都是出自"姬神"的手笔。

如同德国的电子组合"谜"（Enigma）一样，"姬神"的核心人物就是星吉昭。他于1946年3月16日生于日本宫城县若柳町，早期的音乐启蒙来自父亲吹奏的尺八。他非常喜欢音乐教师弹奏的风琴，一直憧憬成为一名音乐家。十八岁那年，星吉昭怀着成为一名爵士乐钢琴师的梦想来到东京，对电子乐器异常着迷。1971年，年仅二十五岁的他就获得了JVC全国电子琴大赛最高奖。

在东京打拼了差不多十年后，星吉昭感到了前所未有的身心疲累，便来到了位于岩手县的盛冈，不久就有了自己的"姬神"工作室。之所以起这个名字，其灵感来源于县内著名的姬神山。受地域的影响，"姬神"以日本东北方音乐为源头，多年来一直保持着独特的东北方民族乐风，那古朴的"绳文语"听起来总有一种不染尘世之感，令人心境平和。

　　多年来，星吉昭力图用最为纯粹的电子合成音乐来表达人类对大自然的敬畏和称颂，曲子中时常出现的古老民谣的吟唱旨在让古老的东瀛文化重放异彩。

　　2004年10月1日，年仅五十八岁的星吉昭因为心力衰竭匆然去世，其长子星吉纪顺理成章地成为第二代"姬神"，继续音乐创作。说起他，早在1995年他就加入了"姬神"组合，并一直担任音乐会伴奏。另外，他还组织了擅长东北民谣的合唱团"姬神之声"。2016年7月，由他率领乐团在上海商城剧院成功举办了"姬神——星幻音乐会"，引发乐迷的热烈反响。

代表作品：《诸神之诗》

　　这首由电子音乐与"绳文语"吟唱相结合的曲子是"姬神"为TBS周日晚八点放送的同名纪录片而创作的主题曲。这首单曲1998年发行之后引发了巨大轰动，其恢宏大气的电子合成背景音乐与极具民族底蕴的人声合唱完美融合，唱出了独一无二的北方民族特有的豪迈、洒脱和颂赞之情。与此同时，伴随着音乐，我们也真切感受到了星吉昭先生为听者勾勒的一个万物和谐、人神共处的绳文世界。

　　张明独家推荐

《砂山·十三夜》（*Dune Hill Thirteen Nights*）

　　这是"姬神"2004年的专辑《风之传说》中收录的一首抒情乐曲，空灵感十足的电子合成器奏响的音符与柔美、犹如天籁一般的女声吟唱互相交织，仿佛在为我们这些听者临摹着一幅又一幅恬静、神秘、原始的大自然画卷。"姬神"的音乐值得我们反复单曲循环，聆听一整夜，那充满大自然气息的音乐会把你和现实隔开，让身心感到前所未有的轻松！

2004年8月2日，与喜多郎
合影

喜多郎（Kitaro）

　　喜多郎是日本著名的新世纪音乐（New Age）音乐家及作曲家。他原名叫高桥正则，喜多郎这个艺名是他的朋友根据一部日本动画《鬼太郎》中"鬼太郎"这个角色而起的绰号。

　　喜多郎1953年出生于日本，早年因为受著名传奇艺人奥蒂斯·雷丁（Otis Redding）的影响，开始自学吉他。从爱知县丰桥商业高等学校毕业后，喜多郎与朋友组成"信天翁"的乐队，经常在舞会和宴会上演出。

　　为了追求音乐梦想，无师自通的他不顾父母的反对，离家出走，自谋生路。1970年，他开始学习键盘，并加入了"远东家庭"（Far East Family）乐队，跟随他们做全球巡回演出。1977年，喜多郎返回日本发展个人事业。初期，他录制了两张专辑：《天界》（Ten Kai/ Astral Voyage）和《大地》（Full Moon Story），吸引了很多新世纪音乐的乐迷。

　　1984年4月7日，日本NHK电视台播出纪录片《丝路》，其中的音乐由喜多郎负责谱写，他凭借着对中国音乐的认识和对历史的特殊感悟，创作出了充满中国韵味的《丝路》，并一举成名。

　　喜多郎的第一场演奏会于东京新宿区举办。在这次演奏会中，喜多郎成为全球第一位使用混响器模仿四十多种乐器的作曲家。他的音乐对日本新世纪音乐的创立产生了巨大的推动，作品将古典、流行、爵士融入电子音乐，充分运用合成器的多功能性来营造效果，表达自己的情感，展现出不同于西方音乐的东方魅力。

　　1993年，喜多郎凭借电影《天与地》获得金球奖最佳原创音乐奖。2001年，他又凭《思慕》（*Thinking of You*）获得格莱美最佳新世纪音乐专辑奖。2010年，他为著名导演张艺谋执导的《印象·西湖》（*Impressions of The West Lake*）担纲的配乐再次入围格莱美奖。喜多郎向来和中国艺术家保持着十分密切的合作，除了张艺谋以外，在华语歌坛，他和梅艳芳合作的《似水流年》堪称粤语歌坛绝对的经典。

　　对于自己的成就，喜多郎向来十分谦虚。他说："作曲的灵感来自于自然，我只是一位使者。在我眼里，我的音乐有时像云，有时像空。"

代表作品：《丝路》（*The Silk Road*）

　　这是新音乐大师喜多郎1980年为日本NHK放送协会和中国中央电视台合作拍摄的《丝绸之路》谱写的音乐。该曲调曾被拿来重新填词，成就了香港已故老牌歌星罗文的一首经典歌曲《同途万里人》。素来对中国古代文明十分向往的喜多郎大师赋予此曲浓郁的东方色彩，电子合成器奏出的悠扬绵长的动人旋律为听者营造了一种空灵迷幻的意境。伴随着美妙的音符，我们似乎被带入了漫天黄沙，略显神秘荒凉的丝绸之路……作为新世纪音乐的旷世之作，喜多郎想象力之丰富、音乐表现力之强，在此曲中得到了充分展现。

张明独家推荐

电影《天与地》（*Heaven & Earth*）主题曲

　　1993年，喜多郎为著名导演奥利弗·斯通（Oliver Stone）谱写的原声音乐获得了金球奖最佳配乐。该片源自一位越裔美籍女子的个人自传，主题音乐带有十分浓郁的东方情韵。喜多郎在作品中十分娴熟地将好莱坞电影追求的大型管弦乐曲式配以营造强烈时空感的电子合成器，并与极具地域色彩的民间乐器如二胡、古筝等相互融合，整首曲子飘逸脱俗，具有很强的感染力！

2013年11月22日，采访加拿大笛子演奏家雷恩·寇伯

雷恩·寇伯（Ron Korb）

　　被誉为"当代第一魔笛手"的雷恩·寇伯来自加拿大多伦多，是一名曾获格莱美奖提名的长笛演奏家及作曲家，至今已经发行了超过三十张个人专辑，曲风覆盖古典、爵士、拉丁、亚洲、凯尔特和中东等不同类型。他的音乐通常基于特定的故事主线或云游世界各地的亲身经历创作完成，因此通常会以"概念专辑"的形式呈现。由于雷恩的母系家族具有东方血统，所以他的作品具有较浓的东方韵味。

　　年少时代，雷恩曾加入过一支由爱尔兰横笛和鼓组成的乐队，在伦敦皇家音乐学院学习期间，他经常在当地的比赛中获奖。为了学习爵士乐，他曾就读约克大学一年，之后获得了加拿大多伦多大学音乐学院奖学金，专攻笛子的演奏。大学毕业后，雷恩又迷上了中国笛子，在二十世纪九十年代初期，他前往日本居住两年，学习传统竹笛及宫廷乐。

　　身为一名富有突破性的音乐家，雷恩在游历日本、中国、印度尼西亚、柬埔寨及爱尔兰等不同国家时，十分注重收集和学习当地木质管乐器。迄今，他收藏的笛子数量已经超过了两百五十支。

　　1990年，雷恩和他的长期合作伙伴唐纳德·谷安（Donald Quan）共同录制的

《太阳泪》(*Tear of Sun*) 荣登加拿大新世纪音乐排行榜冠军。此后，他们还与包括英国著名歌星彼得·盖布里埃尔（Peter Gabriel）在内的众多音乐人合作，并有幸为多伦多奥林匹克运动会创作音乐。在与中国音乐家合作方面，旅居加拿大多年的国际音乐人、著名歌手朱哲琴就是雷恩·寇伯的音乐密友，双方不仅常在一起切磋音乐，而且多次互邀对方担任演出嘉宾。此外，中国二胡演奏家高绍青也是雷恩·寇伯多张专辑的合作伙伴。

聆听雷恩优美纯净、空灵飘渺、音色斑斓、激情回荡的天籁之音，我们能时刻体验人类无法触及的灵性，直达音乐无穷魅力的核心。

成名作品：专辑《太阳泪》(*Tear of Sun*)

如果您喜欢世界音乐风格的概念专辑，这张由雷恩·寇伯和他的长期合作伙伴唐纳德·谷安合作的《太阳泪》是必听之作，它对于日后众多器乐演奏家制作概念专辑绝对具有启蒙作用。这张极富创意的由笛子、打击乐和键盘演奏的亚洲音乐风情唱片，如同一部电影，整张专辑的灵感来自于雷恩的一个与专辑同名的故事。

⬛⬛⬛ 张明独家推荐 ⬛⬛⬛⬛⬛⬛⬛⬛⬛

《凯尔特心灵秘境》(*Celtic Heartland*)

雷恩·寇伯的《凯尔特心灵秘境》是我接触他的第一张专辑。我对其中的一曲《莫莉的心》(*Molly's Heart*) 情有独钟，这绝对是我听到过的最美妙的凯尔特天籁之一，雷恩将他擅长各类笛子演奏的功力在此曲中展现无疑。另一首《诀别》(*The Day I Lost My Love*) 更是将钢琴、大提琴与古老乐器埙完美结合，既优雅又不失忧伤之感。

此外，这张音乐特辑不仅请到了罗林娜·麦肯尼特（Loreena McKennitt）乐团原班人马演出，更力邀《大河之舞》演奏手等超量级音乐大师齐聚一堂，堪称新世纪音乐史上最不可能的梦幻组合！

2000年10月2日，在上海东方艺术中心采访马修·连恩

马修·连恩（Matthew Lien）

　　在中国乐迷中享有较高知名度的世界音乐家马修·连恩1965年5月10日出生于美国加州的圣地亚哥，他曾长期寄居于加拿大的育空地区（Yukon），在那里从事环境音乐的创作。他最具知名度的专辑是1996年由台湾风潮唱片（Wind Music）代理发行的专辑《狼》（*Bleeding Wolves*）。

　　早在十岁时，马修就开始学习钢琴，后来对当代民歌以及录音和音乐制作萌发了兴趣。为了能够承受这一爱好所必须付出的巨大开销，他一直在美国加州和育空地区打工，并把攒够的钱用来投入音乐制作。他的第一首正式录制的歌曲名为《凯西亚之歌》（*Kecia's Song*），是因为自己的朋友和同班同学凯西亚去世而特别创作的。

　　在发行专辑《狼》之前，马修曾在圣地亚哥的不少录音棚辗转。他发表的一系列专辑如《无以言尽》（*In So Many Words*）、《天堂之旅》（*Voyage To Paradise*）、《感受大地》（*Touching The Earth*）以及《驯鹿宣言》（*Caribou Commons*）等无不彰显出他对大自然的热爱。随着年龄的增长，他的音乐旅程中也越来越多地染上了山林水溪之气，直到有一天，他成为彻底的环保音乐家。

　　1995年，马修发表了他音乐生涯最重要的专辑之一《狼》。这张并不带有流行风

格的世界音乐专辑让他收获了意外的成功，光是在台湾地区就获得多白金销量。1997年，已经名扬天下的马修·连恩来到中国大陆，继续探索东方文化的神韵。这一年，他与中国音乐家们共同探讨音乐，研究了一些他过去从未听过的东方古乐器，并迅速把这些成果运用到他的专辑《汇流》（*Confluence*）中去。

2009年，马修到上海举办了自己的专场演出。同年，他还迎娶了一位中国太太。婚后，两人育有一子。目前，他一直定居于中国台湾地区，继续从事他的环保音乐创作。

成名作品：《布列瑟农》（*Bressanone*）

此曲由马修·连恩创作并演唱，收录于他1995年的专辑《狼》。关于这首歌曲，据马修自己所述它是来自他二十多岁时的创作。那年，他正坐着火车离开意大利北部小镇布列瑟农，那是他母亲的故乡，对这片土地马修一直饱含深情。

当然，《布列瑟农》之所以能引发广泛共鸣，还在于他自身的爱情故事。悠远、低缓的旋律配以诗一般的歌词、歌者苍凉浑厚的歌声，还有歌曲结尾处的火车铁轨声，常令听者陶醉在歌曲所营造的那种纯净、空旷的氛围之中，一度被歌迷誉为"世界上最伤感的英文歌曲"。

有意思的是，在2011年，马修又推出了《期盼布列瑟农》（*Longing for Bressanone*）。它是在原曲的基础上重新改编创作的，这也许是这位艺术家二十年后的追忆梦回吧！

2006年10月23日，与罗伯蒂尼合影

罗伯蒂尼·洛雷蒂（Robertino Loreti）

　　被誉为"意大利天才童声"的罗伯蒂尼1947年10月22日出生于罗马的一个大家庭。童年时代的他以同龄人少有的成熟大气和水晶般清澈的歌声成为二十世纪六十年代全球最出名的少年歌手之一。

　　小罗伯蒂尼的歌唱天赋是在1960年被发现的。当时他还是一家烘焙店的送货员，有一次去饭店为一个婚礼宴会送蛋糕，他应邀给宾客们唱歌。顿时，他动人的歌声感染了在场的每一个客人，从此罗伯蒂尼名字在罗马变得家喻户晓。有一年，奥林匹克运动会在罗马举行时，罗伯蒂尼的歌声引起当时丹麦最著名的电视制作人沃尔莫·索仁森（Volmer Sorensen）的注意。在成功说服孩子的父亲签署了一份合同之后，索仁森将眼前的这位"小小歌唱家"带到了丹麦。丹麦的唱片公司很快为他灌录了第一张个人唱片《我的太阳》（*O Sole Mio*），其中那首深情款款的拿波里歌曲《妈妈》打动了无数人。很快，罗伯蒂尼的非凡嗓音便征服了整个丹麦，从此名扬全世界，音乐评论家们将他誉为"新卡鲁索"（卡鲁索是意大利歌王）。

　　1961年，罗伯蒂尼发行了不少精品专辑，销量始终名列前茅。我国爱乐者欣赏到他的歌声应该是在二十世纪七十年代末到八十年代初，上海的一档名为《音乐广播俱乐部》的节目最先播放了他的录音，那一个时期，我国的大小城市都能听到罗伯蒂尼

的歌，听"意大利童声"成了当时的时髦现象。

　　2004年，上海音像出版社原版引进了这位意大利天才童声的专辑，并在各大音像店、新华书店发售。这张珍贵的专辑收录了罗伯蒂尼在童声时期的精品佳作，如《妈妈》《我的太阳》等。2006年10月，快满六十岁的罗伯蒂尼专程来到中国进行个人巡演。尽管因为年龄的限制，他的音色早已不如以往，但每当那首美妙的《桑塔·露琪亚》响起的时候，人们记忆的闸门又再度被开启。

成名作品：《妈妈》（*Mama*）

　　这是一首脍炙人口的拿波里民谣，因为被不少中国歌唱家重新演绎而被人们所熟知。它也是1941年意大利拍摄的同名电影中的一首插曲，影片讲述一位著名男高音歌唱家在国外巡演多年之后带着妻子回归故里，后者因耐不住寂寞与邻居发生私情。男主的母亲发现之后苦苦劝阻儿媳，最终却因心脏病猝然离世。

　　《妈妈》这首歌曲精准地捕捉了儿子与母亲的情感，是对母性光辉的最高赞美。这首歌曲自从被意大利歌唱家贝尼亚米诺·吉利（Beniamino Gigli）首唱后，几乎每个男高音歌唱家都对演绎此曲情有独钟，而十三岁的罗伯蒂尼少年老成的精准演绎成为最受青睐的版本。

张明独家推荐

《桑塔·露琪亚》（*Santa Lucia*）

　　这是我接触到的第一首罗伯蒂尼的歌曲。这首传统的拿波里民谣描述了位于那不勒斯湾桑塔·露琪亚优美的夜景，伴着夜晚的凉风，乘坐在船上，环顾四周海面的灯火点点，意境着实美妙。饱含深情的小罗伯蒂尼的嗓音是那么清冽、纯净、空灵剔透，如同天使降临人间。即便您从来不认识这位歌者，照样会被他的传世童声彻底陶醉！

1998年4月，采访陈美

陈美（Vanessa Mae）

出生于新加坡的泰中混血儿陈美可以说是最早将"跨界演奏"这一前卫概念引进中国的英国小提琴家之一。她四岁开始拉小提琴，八岁那年曾师从中央音乐学院小提琴教授林耀基，十岁进入伦敦皇家音乐学院就读。根据吉尼斯记录记载，陈美是历史上最年轻的录制贝多芬和柴科夫斯基协奏曲的独奏家，当时她只有十三岁。

1995年，陈美发行了自己首张具有流行色彩的专辑《小提琴玩家》（The Violin Player）。1997年，她为著名歌手珍妮·杰克逊（Janet Jackson）的专辑《天鹅绒绳》（The Velvet Rope）担任了小提琴演奏。2002年，她亮相冬季残奥会，在开幕式上演奏了维瓦尔第的《四季》。2006年，她成为英国三十岁以下最富有的艺人，其身价在三千两百万英镑左右。

作为华裔演奏家，陈美偶尔还会录制自己创作的作品。比如1997年，她灌录的专辑《中国女孩》（China Girl）中就有两首她自己署名的作品，其中的《重聚序曲》（Reunification Overture）还是她为香港回归而特别创作的。著名的古典调频（Classcial FM）在2017年曾经梳理了一张最畅销的三百张古典专辑的特别榜单，陈美竟然有三张唱片入选，其中《古典专辑第一辑》（The Classcial Album 1）、《风暴》（Storm）以及

《小提琴玩家》分列第两百四十四位、第一百三十五位和第七十六位。

作为较早在跨界领域进行尝试的小提琴演奏家，陈美迄今为止的销量已超过一千万，获得的奖项超过四十个，她的音乐会曾在全球一百多个国家播出。毋庸置疑，她在古典与流行音乐之间架起了一座桥梁，开创了全新的演奏理念。她的音乐被乐评家说成是"比古典的新，比流行的强"。其间她虽然遭受过非议，但她用自己的音乐征服了世界上各个层次的音乐爱好者，为古典与流行的融合做出了可喜的尝试。

成名作品：《红色激情》（Red Hot）

在陈美众多的跨界曲目中，这首节奏跳跃、热情似火的乐曲十分出挑。当弓弦拨动起来的时候，您似乎很快会随着接踵而至的电子节拍纵情激昂，真心为陈美的音乐天赋与造诣喝彩，她的天才绝对不只在诠释经典，更在于对古老的小提琴艺术进行了石破天惊的全新注解！

张明独家推荐

《风暴》（Storm）

陈美的《风暴》发行于1997年，曾被她的很多乐迷誉为经典。就像它的标题和封面所展示的那样，这是一张充满激情、欢快、热力四射的专辑。其中的第一主打曲《风暴》以一种十分电子前卫的风格诠释了作曲家维瓦尔第《四季》中的这一精彩章节。电子音效、打击乐器等营造出来的效果虽然有些刻意，似乎很难让人感到音乐真正的内在张力和演奏者所倾注的感情，但这首作品与同类的作品相比，其引发的听觉震撼是其他版本难以企及的！

2016年1月22日，在上海保利剧院贵宾室采访乔瓦尼，摄影：有贺萍萍

乔瓦尼·马拉迪（Giovanni Marradi）

钢琴家、作曲家、编曲家并拥有发明家、卡通师等多个头衔的乔瓦尼·马拉迪1952年生于意大利。他的父亲是意大利著名小号手兼指挥阿尔弗雷多·马拉迪（Alfredo Marradi），他的曾祖父也叫乔瓦尼，是一位传奇诗人和作曲家。

乔瓦尼五岁开始学琴，年仅七岁就创作出世界名曲《只为你》。八岁时，他赴俄罗斯音乐学院跟随迈克·车斯金诺夫（Michael Cheskinof）学习作曲和乐理知识。年轻时代的他虽然去欧洲以及中东进行过演出，但他的梦想是去美国发展他的事业。

乔瓦尼是二十一世纪最为成功的表现主义的钢琴家。他曾经在美国最大的电视购物频道QVC一个两小时的节目中售出十二万张自己的专辑，缔造过总销量达四百万的傲人纪录。乔瓦尼录制过一百三十多张CD，他的电视节目被制作成两张DVD。1995年，在和大西洋唱片（Atlantic Records）签约发行他在该公司的首张专辑《命运》（Destiny）之前，他组建过自己的厂牌——新城堡唱片（New Castle Records），发行了六十多张专辑。

乔瓦尼亲自制作、导演和主持过二十八集音乐电视系列片《乔瓦尼音乐世界》（Giovanni's World of Music）。该片不仅在美国享有盛名，在世界各地也陆续播出过。

片中，他透过钢琴丰富多变的音色，将音符幻化成一幅幅唯美的画卷，让听者既能感受到春天的万物复苏，也能体会到秋季的落叶飘零，他由此被誉为"当之无愧的情调钢琴大师"。此外，由他发明的"卷轴式键盘"（Roll-Out Keyboard）以及"吉尼识谱技术"（Gini Notation Technology），改变着音乐教育和音乐家庭的生活方式。

2015年，乔瓦尼首次来中国北京长城举办了个人音乐会。2016年，他来到深圳参与了"为病重艺术家筹款慈善救助献爱心活动"，为中风瘫痪在床的艺术家带去了冬日的温暖。2019年，乔瓦尼再度来华演出，在历经二十个城市的巡演中，他还给孩子们上大师课，受到热烈欢迎！

代表作品：《我的太阳》（*O Solo Mio*）

作为一首世界名曲，《我的太阳》有无数的演绎版本，聆听意大利裔钢琴家对这首作品的诠释也别具特色。乔瓦尼不愧是一位出色的编曲家和演奏家，和一般钢琴家有所不同，其出色的编曲功力在四分钟不到的曲子里发挥得淋漓尽致，不仅节奏变化丰富，使用乐器的手法富有想象力，能营造极强的画面感，令人回味无穷。

张明独家推荐

《只为你》（*Just For You*）

这是乔瓦尼为自己2010年的专辑《柔情万千》（*Softly*）创作的一首曲目。聆听乔瓦尼的情调钢琴，犹如置身于山间小溪。敲击的琴键如同回旋于大自然永恒的声音，听者的心情可以得到最大程度的舒缓和放松，或许这就是意大利裔钢琴家最大的特色吧。如果喜欢乔瓦尼的演奏，建议可以同时观摩一下他的相关视频，从他投入的表情，你会发现他和音乐是何等的融为一体。

2010年9月16日，在上海柏斯琴行音乐厅主持"马克西姆中国巡演新闻发布会暨乐迷见面会"

马克西姆·姆尔维察（Maksim Mrvica）

1975年5月3日出生于克罗地亚希贝尼克小镇的马克西姆是一位深受中国乐迷喜爱的跨界钢琴演奏家。他九岁开始学习钢琴，三年后举办第一场个人音乐会。

进入二十世纪九十年代，虽然自己的祖国饱受战争之苦，但马克西姆却从未中断过自己的音乐学习。在萨格勒布音乐学院以及布达佩斯弗朗兹·李斯特艺术学院完成学业之后，马克西姆接连在尼古拉·鲁宾斯坦国际钢琴比赛和庞托斯钢琴比赛中夺魁。

回到克罗地亚之后，马克西姆与同时代的其他克罗地亚钢琴家一起录制的专辑《手势》（Gestures）成为了克罗地亚最畅销的古典音乐唱片之一。此后不久，马克西姆迎来了自己音乐生涯的转折点：他遇见了作曲家汤彻·胡尔基奇（Tonci Huljic），此人之后成为了马克西姆的经理人。也正是靠着他的引荐，马克西姆结识了英国著名音乐制作人梅尔·布什（Mel Bush），在后者的鼓励下，他走上了古典与流行的跨界之路。

在签约EMI之后，马克西姆推出了自己的首张个人专辑《钢琴玩家》（The Piano Player）。这张专辑通过对亨德尔以及肖邦作品的改编，将古典音乐演奏推进到一个全新的领域，专辑在亚洲引起了巨大轰动，在香港HMV销售排行榜上连夺十二个星期的冠军。

2004年，马克西姆被雅典奥运会组委会选中，演奏了主题曲《奥林匹克之梦》（*Olympic Dream*）。一年之后，他趁热打铁，再次发行全新专辑《新世界》（*The New World*）。伴随着《电音玩家》（*Electrik*）、《电影琴缘》（*The Movies*）、《克罗地亚狂想曲》（*Croatian Rhapsody*）、《新丝绸之路》（*New Silk Road*）等专辑的发行，马克西姆已经成为中国最受欢迎的跨界钢琴演奏家。凭着高超的琴艺和迷人帅气的外表，他收获了大批粉丝，在中国内地的数次巡演都大获成功。

成名作品：《野蜂飞舞》（*The Flight of the Bumble Bee*）

最能体现马克西姆弹奏技术的作品大概要数2003年在伦敦首演返场时演奏的这首经典名曲《野蜂飞舞》了。该作品出自俄罗斯作曲家尼古拉·里姆斯基-科萨科夫，为他所作的歌剧《萨旦王的故事》第二幕第一场创作的一首管弦乐插曲，后来常被小提琴、钢琴等乐器单独拿来演奏。与其他演奏家的版本比较而言，马克西姆的弹奏除了高难度的技巧之外，最大的亮点来自他将这首古典乐曲和现代电子音乐有机地结合在了一起。整个演奏激情四射、令人血脉偾张。

张明独家推荐

《出埃及记》（*Exodus*）

此曲原本是出生于维也纳的好莱坞配乐作曲家欧尼斯特·戈德（Ernest Gold）为著名影星保罗·纽曼（Paul Newman）主演的电影《出埃及记》谱写的主题音乐。这首获奥斯卡金奖的配乐后来被很多演奏家和乐团重新演绎，其中尤以马克西姆的演奏版最受乐迷的喜爱。他的演奏除了保持了整首乐曲惯有的气势之外，还另辟蹊径，融入了电子乐节奏，给人以一种行云流水、天马行空之感。

2019年4月23日，在上海美琪大戏院采访即将登上演唱会舞台的夏川里美，摄影：有贺萍萍

夏川里美（Natsukawa Rimi）

素有"心灵歌姬"之美誉的日本民谣歌手夏川里美来自冲绳县的石垣岛，八岁就开始参加歌唱比赛。1985年，她荣获了由日本电视台（NTV）主办的"闪亮第八届日本儿童歌谣大赛"的冠军。仅一年之后，她又代表冲绳县参加了"长崎歌谣祭"并一举夺得首奖，创下了最年轻参赛者的纪录。后来，极具演唱实力的夏川里美还以"未发片歌手"的身份登上了众人瞩目的日本放送协会（NHK）电视台举办的歌唱节目，并被传奇艺人藤山一郎誉为"四十年才出现一次的歌手"。

作为擅长传统民谣的女艺人，夏川里美最为中国乐迷所熟悉的曲目就是2001年她翻唱的由老牌歌手森山良子作词、来自冲绳三人组合Begin作曲的《泪光闪闪》。此歌后来经过中文重新填词，成就了新加坡女歌手蔡淳佳的热门歌曲《陪我看日出》。《泪光闪闪》在2002年5月发行超过一年之后，首次打进日本最权威的Oricon排行榜，并勇夺第八名的最佳成绩。

2003年初，在日本唱片协会主办的第十七届日本金唱片大赏中，收录了《泪光闪闪》的夏川里美的首张个人专辑《太阳·风的思念》获"演歌/歌谣类年度最佳专辑"殊荣。2006年，夏川里美赴中国台湾地区举办个人演唱会。次年4月，她因个人原因停止了所有活动，但仅隔了一个月后又再次复出。

值得一提的是，2008年10月28日，作为上海国际艺术节"日本文化周"的一项重要活动，夏川里美第一次在上海大舞台举办了个人演唱会。除了演绎富有冲绳地域特色的民谣歌曲之外，她演唱的《夜来香》《何日君再来》《我只在乎你》等中文经典老歌受到了乐迷的热烈欢迎，进一步拓展了她在内地的知名度。2009年，夏川里美与打击乐手玉木正昭结婚，一年后就生下了宝宝。

作为民歌手，夏川拥有很好的嗓音条件。演唱时带有浓浓的鼻音，还会演奏日本冲绳当地民间乐器——三味线。她的歌曲细腻忧伤、空灵温柔，是公认的"心灵歌姬"。2019年，夏川在中国北京、上海等城市再次举办个人巡演。身为人母，她嗓音里多了一些沧桑的质感，歌声耐人寻味。

成名作品：《泪光闪闪》

这是夏川里美音乐生涯最重要、最具知名度的一首歌曲，由日本老牌歌手森山良子作词、冲绳石垣当地的音乐团队Begin作曲，后者和夏川里美在一次合作之后意气相投，成为好友。一次，Begin将他们谱曲并试唱的《泪光闪闪》歌曲小样交给森山良子，森山听着该曲的曲调，不由想起已故的哥哥，顿时感慨万分，写出最感人的歌词。2000年7月，夏川里美偶然听到Begin演绎该曲很是喜欢，在乐队的一场Live秀之后向他们请求由自己演唱该曲，果然非同凡响，进入日本公信榜单曲周榜共两百三十二周，成为在该榜内停留时间最长的单曲。

2015年6月26日，在上海外
滩源联合教堂与杰夫·彼得森
合影，摄影：Lucy

杰夫·彼得森（Jeff Peterson）

外形帅气的杰夫·彼得森是当今夏威夷最炙手可热的松弦吉他（Slack Key Guitar）演奏家之一，曾两次荣获格莱美奖以及九项夏威夷音乐行业最高荣誉奖。

作为夏威夷牛仔的后代，杰夫生长在毛伊岛（Maui）的哈来亚咔拉农场（Haleakala Ranch），很小的时候就对夏威夷松弦吉他萌发了兴趣。与一般演奏家不同的是，多才多艺的杰夫在个人风格上注重兼收并蓄。他把传统的"松弛键"演奏风格与古典和爵士吉他进行了融合。在南加州大学桑顿音乐学校（USC's Thornton School of Music）学习古典吉他之后，他回到了自己的家乡，在火奴鲁鲁周边地区进行演奏和教学。

作为一名表演者，除了与同行切磋之外，杰夫还有幸与许多其他领域的知名艺人进行合作，其中包括英国"吉他之神"埃里克·克莱普顿（Eric Clapton）、长笛演奏家詹姆斯·高威（James Galway）、黑人歌手阿隆·内维尔（Aaron Neville）、博茨·斯卡格斯（Boz Scaggs）以及火奴鲁鲁交响乐团（The Honolulu Symphony）、夏威夷歌剧院等。

杰夫曾参与录制大量专辑，除了七张个人松弦吉他演奏专辑以外，相当一部分是与竹笛演奏家莱利·李（Riley Lee）搭档演奏的。尤为值得一提的是，由他参与演出的《松弦吉他作品集之2》（*Slack Guitar Volume 2*）荣获了格莱美"年度最佳夏威夷音乐录音"的肯定，这也是格莱美奖首次设立夏威夷音乐专属奖项。他为著名影星乔治·克鲁尼主演的电影《后人》（*The Descendants*）发行的同名原声专辑专门录制了四首他自己的原创作品。

向来追求精益求精的杰夫曾出访过欧洲、亚洲、澳洲以及美国的很多地方。2010年，他应邀参加了上海世博会的演出并登上上海"东方市民音乐会"的舞台。一年之后，他应保利剧院之邀，在中国举行了一次巡演，受到了热烈欢迎。

代表作品：《我心中的毛伊》（*Maui on My Mind*）

尽管杰夫曾两度荣膺格莱美奖的肯定，但获奖作品基本都是以合集的形式出现的。而这张《我心中的毛伊》是百分百的个人松弦吉他作品集，曾在2011年获得第五十三届格莱美奖的提名，也是夏威夷当地"年度最佳松弦吉他专辑"奖得主。

作为一名夏威夷牛仔的儿子，透过吉他演奏的十一首曲子，杰夫试图传递深藏于内心的恋乡情节，这种归属感在他游历东京、北京、上海、巴黎、纽约等国际大都市时表现得尤为强烈。作为整张专辑的开场曲，《我心中的的毛伊》透过优美的松弦吉他音韵，为我们展现的是毛伊岛晨间日出的动人情景。在海拔三千多米的山上，我们可以想象那种脚踏云海、头顶星星，等待日出来临时的震撼！

张明独家推荐

《孔雀》（*Pikake*）

这是杰夫为表达对中国的深厚情谊而创作的一首取样传统民歌《茉莉花》的作品。"Pikake"原意为夏威夷的一个拥有东方血统的公主的名字，松弦吉他奏出的串串优美、流动的音符如同一股清泉，滋润着听者的心田。这是我迄今为止听到过的最优美的以中国传统民歌为主调的吉他改编曲之一。

2014年4月10日，在上海世博洲际酒店采访指挥家兼小提琴家安德烈·里欧，摄影：AEG China

安德列 · 里欧（André Rieu）

　　安德列·里欧1949年10月1日出生于荷兰马斯特里赫特（Maastricht），是一位著名的小提琴家、指挥家，也是以演奏华尔兹而闻名遐迩的约翰·施特劳斯管弦乐队的创建者。里欧最大的贡献就在于将古典乐和华尔兹音乐以极度个性化的手法推广至世界各地，如今，由他一手创立的、规模在五六十人的管弦乐团在全球的知名度绝对不逊色于那些大牌的流行和摇滚明星。

　　里欧和他的乐团录制的曲目非常宽泛，包括古典、流行和各种民间音乐。他发行的CD和DVD在全球的销量达到了惊人的四千万。除了两项世界音乐大奖以外，他的唱片在许多国家都获得了金唱片和白金唱片的销量。由于在普及音乐方面做出的杰出贡献，他荣膺荷兰颁发的"荷兰雄狮骑士勋章"和法国颁发的"艺术与文学骑士勋章"。

　　里欧来自一个音乐世家，他的父亲是当地交响乐团的指挥。里欧五岁开始学习小提琴，1974年至1977年进入布鲁塞尔皇家音乐学院。在大学的一个沙龙性质的管弦乐团，他第一次演奏了雷哈尔（Franz Lehar）的华尔兹《金与银》（*Gold And Silver*）。在观众的鼓励下，他决定把华尔兹音乐发扬光大。1978年，他创建了马斯特里赫特沙龙管弦乐队（The Maastricht Salon Orchestra），并在林堡交响乐团（Limburg Symphony Orchestra）担任小提琴手。1988 年，他又创建了约翰·施特劳斯管弦乐队，并成立了自己的制作公司。从那以后，他以绚丽、戏剧性的舞台表演和摇滚明星般的风范出现在人们眼前，致力于将华尔兹发扬光大，因此被乐迷奉为新一代的"华尔兹之王"。

2014 年，里欧带领他的乐队首次来到中国上海，并在梅赛德斯奔驰文化中心举办了一次盛大的演出。绚烂多彩的舞台背景，轻松愉悦的音乐旋律，台上台下热烈互动，令沪上乐迷如痴如醉！

成名作品：《第二华尔兹》（*Second Waltz*）

《第二华尔兹》改编自苏联时期作曲家、钢琴家肖斯塔科维奇的《第二爵士组曲》。这是安德列和他的约翰·施特劳斯管弦乐队每次在音乐会上必演的曲目，每一次表演都会以其极富感染力和煽情的效果赢得满堂喝彩。人们纷纷随乐起舞，与台上的演奏家一起互动。美妙的乐声汇聚成音乐的海洋，华尔兹在人们的心中又有了全新的定义。

张明独家推荐

《绿袖子》（*Greensleeves*）

英国民谣《绿袖子》的旋律在古典优雅的同时，还略带一丝凄美之感，作为世界名曲曾经被无数演奏家重新演绎。我在众多安德列·里欧和他的乐团演绎的曲目中选择这首，是出于对安德列编曲功力的认可。作为一支擅长演奏世界各地民歌的跨界乐团，安德列团队偏重乐曲的浪漫效果，乐曲开场由他本人缓缓奏出主题，随后笛声与弦乐团紧紧跟上，之后伴随着人声的介入进入高潮。整首曲子层次分明，张弛有度，是迄今为止该曲最成功的管弦乐演奏版本之一。

2014年5月20日，在上海东
方艺术中心采访"国王歌手"

"国王歌手"组合（The King's Singers）

作为一支成立于1968年的阿卡贝拉组合，来自英国的"国王歌手"（The King's Singers）长期以来一直深受世界各地乐迷的欢迎。因最早一批创始成员均来自英国剑桥大学国王学院，合唱团便以"国王"来命名。在历经几代成员的不断更替之下，"国王歌手"已经成为剑桥乃至全英国的标志与荣耀。

"国王歌手"主要以无伴奏合唱为特色，六名成员都是声乐教学领域出类拔萃的学者。他们精准清晰的发音和默契的声部配合，使他们在二十世纪七十年代和八十年代初期风靡了整个英国。到了八十年代中后期，他们的影响渐渐扩大至美国。

"国王歌手"的声部配置包括两位假声男高音、一位男高音、两位男中音及一位男低音。其中强大的男低音与男中音的融合，被乐评人称为"声音金字塔"。他们很少使用乐器伴奏，基本以人声模仿各种乐器。依靠他们深厚的古典音乐根基及英国唱诗班打下的基础，其音乐会曲目十分宽泛，从古典到现代，从摇滚到流行、爵士乃至各国民谣。

2009年2月，"国王歌手"的CD《简单的礼物》（*Simple Gifts*）获格莱美"最佳古典跨界专辑"奖；2012年2月，他们携手埃里克·惠塔克（Eric Whitacre）凭借专辑《光与金子》（*Light and Gold*）再获格莱美奖"最佳合唱表演"奖。"国王歌手"的DVD《BBC逍遥音乐会现场》在2010年戛纳举办的年度MIDEM颁奖典礼上获得"最佳DVD表演"奖。2013年，"国王歌手"被接纳成为"留声机名人堂"成员。

从成立至今，"国王歌手"共有过二十六名成员，平均任期在十二年左右。如今，他们的足迹遍及世界各地，每年约有一百二十多场演出。近年来，随着他们在中国的影响力日趋扩大，他们已将中国纳入了他们每次全球巡演必定涉足的国家。除了录音和表演以外，"国王歌手"还致力于音乐教育，举办大师班、工作坊及暑期学校，来自世界各地的无伴奏合唱团在他们的指导下接受培训。目前，这个组合发行了他们的最新专辑《图书馆第三集》（*The Library Vol.3*）。

代表作品：《绿袖子》（*Greensleeves*）

"国王歌手"是一支擅长阿卡贝拉的组合，他们的优势在于层次丰富的和声效果。这首英国经典民谣《绿袖子》收录在他们2008年非常成功的专辑《简单的礼物》中。该专辑获得了2009年格莱美奖，此曲应该是我听到过的《绿袖子》人声演绎中最出色的版本了。三分钟左右的演绎，无论是鲍勃·契尔考特（Bob Chilcott）的编排，还是歌手们的和声配合都堪称完美。他们个个音色饱满，驾驭自如，再加上歌曲出色的录音效果，获奖当之无愧。

张明独家推荐

《昨天》（*Yesterday*）

这是二十世纪最伟大的英国乐队"披头士"经典名曲《昨天》众多演绎版本中最特别的一个，选自"国王歌手"1986年推出的专辑《情系披头士》（*The Beatles Connection*）。歌曲采用假声男高音领唱的方式，令整首作品听来异常圣洁。唱功极为扎实的"国王歌手"用完美的配合和犹如天籁一般的音色，将"人声"这一大自然间最美的乐器展现得淋漓尽致，让人一听便有欲罢不能的冲动！

2019年7月10日，在杭州大剧院后台与琵琶演奏家吴蛮及尤克里里演奏家丹尼尔·荷合影，摄影：有贺萍萍

吴蛮（Wu Man）

琵琶演奏家和作曲家吴蛮在当今国际乐坛无愧于"中国民族音乐的使者"和"琵琶音乐代言人"这样的称号。虽然她出生于杭州，但父母却给她起了一个十分男性化又有点"彪悍"的名字。说来有意思，她日后的演奏风格还真像《菩萨蛮》诠释的那样，刁蛮泼辣。美国的《留声机》杂志曾经这样评论她："一位女性凭借自身天性的力量，不仅为中国传统音乐带来新的观众，也成为当代作曲灵感的缪斯。她是一个关键人物。"

小时候的吴蛮曾跟着父亲学习国画、念古文，乐感极好的她九岁被选入浙江省艺术学校学习琵琶。"文革"结束后，她考上了中央音乐学院。新时代下的吴蛮曾以一曲《彝族舞曲》技惊四座，毕业之后便被保送攻读研究生，并师从林石城、刘德海、邝宇忠和陈泽明等大师。两年后，她成为中国第一位琵琶硕士，在一次全国"山城杯"传统乐器大赛上，荣登琵琶项目之首。

1990年，吴蛮移居美国，凭借着自己的钻研和刻苦，勇夺1998—1999年哈佛大学拉德克里夫学院颁发的"班亭学者奖"（Bunting Scholar Award）。同年，她应邀在美国白宫为当时访美的我国领导人朱镕基进行演出，成为有史以来第一位受邀在白宫演出的中国民乐演奏家。

吴蛮最大的志向就是成为中国音乐在世界传播的代言人。除了在赫赫有名的卡内基音乐厅担任"中国艺术节"部分节目的策划和主持以外，她还走进了我国西北和台湾地区的少数民族部落进行实地考察和采风。无论是传统的祭典音乐还是皮影戏、地方戏曲和原生态民歌，她总是孜孜不倦加以吸收，并将民族音乐精华推广到世界，让中国民族音乐成为音乐厅的主角。

值得一提的是，吴蛮除了独奏家身份外，还是享誉世界的大提琴家马友友"丝路音乐计划"（The Silk Road Ensemble）的创始成员。她将东西方音乐有机融合，通过与世界各地民间演奏家交流，寻找共同根源。作为杰出的琵琶演奏名家，吴蛮从来不愿受到音乐形式的羁绊。在她看来，现代音乐人对新生事物必须有更大的视野和更为宽阔的包容。只有这样，音乐境界才有无穷之可能。

⸺ 张明独家推荐 ⸺⸺⸺⸺⸺

《吴蛮：琵琶蛮》（*Elegant Pipa Classcis*）

这是吴蛮入围第十三届美国独立音乐奖、世界传统音乐奖以及第二十五届金曲奖传统类最佳传统音乐专辑奖的作品，专辑由台湾风潮音乐发行于2013年3月27日。作为第一位琵琶演奏硕士，专辑中吴蛮以特有的"蛮式"美学向世人诠释了东方经典。经过岁月的洗礼和沉淀，她以自如的姿态展现了《霸王卸甲》《汉宫秋月》和《思春》三首传统琵琶曲极致典雅的风范。这也是她首次以娴熟的传统中文语汇"说话"的专辑。

除了独奏曲目之外，吴蛮在专辑中继续尝试她的艺术革新，力邀不同乐器演奏家与其合作。除了异域风情的《无关风月》是现代创作曲目之外，江南丝竹名曲《霓裳曲》、古琴曲《梅花三弄》都改变了传统编制，以更为简洁、即兴的手法呈现。这样既保留了传统乐曲的典雅风貌，又与吴蛮力求"创造"的初衷相吻合，绝对是一张全面认知吴蛮的经典专辑！

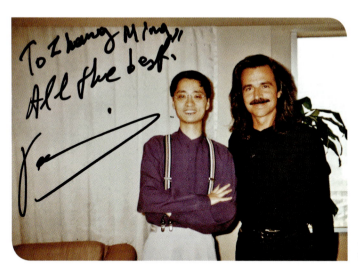

1997年5月19日，在上海新锦江饭店与雅尼合影

雅尼（Yanni）

　　雅尼1954年11月14日出生于希腊，目前定居美国。作为一名集作曲家、键盘演奏家、钢琴家和音乐制作人于一身的音乐奇才，他善于将爵士、古典、软摇滚和世界音乐等多种元素融合在自己的作品当中。尽管他的音乐类型在商业电台和音乐电视中并不受到青睐，但这位音乐家却另辟蹊径，以自身特有的、富有感染力的现场表演，在全球开创了一条绝无仅有的音乐之路。

　　作为器乐演奏的代表性人物，雅尼最具轰动效应的表演是1993年在雅典卫城举行了一场规模空前的现场音乐会。1994年3月5日，这场音乐会的专辑和录影带正式发行后，即刻获得了"多白金唱片"称号，雅尼也由此一跃成为全球最受瞩目的新音乐大师之一。迄今为止，雅尼至少有十六张专辑荣登权威《公告牌》杂志"新世纪音乐"排行榜冠军，两张专辑荣获格莱美奖提名。他的足迹遍及五大洲的三十多个国家，拥有超过四十张白金和金唱片，全球销量超过两千五百万。

　　1997年，雅尼首次造访中国，并成为第一位在紫禁城举办现场演出的西方艺术家。在2013年的"央视"春晚上，雅尼与中国古筝演奏家常静合作，以一曲中西合璧的《琴筝和鸣》再次引发轰动。他那具有交响气度的器乐演奏以特有的心神之美，让每一位听众的心灵得到升华！"同一个世界，同一个部落"是他的音乐传递的理念，雅尼也当之无愧地成为真正意义上的"世界音乐家"。

代表作品：《咏叹调》（*Aria*）

这首《咏叹调》收录在雅尼1992年发行并首度获得格莱美奖提名的专辑《追梦》（*Dare To Dream*）当中。它改编自1883年首演的法国歌剧《拉克美》中的著名唱段《花之二重唱》（*Flower Duet*），因被用于英国航空公司的广告中而获得很高的认知度。这首伴有女声飘逸吟唱的曲子在雅尼卫城音乐会中成为一大亮点。

张明独家推荐

《夜莺》（*Nightingale*）

《夜莺》是由希腊著名作曲家雅尼创作并演奏的纯音乐，收录于他1997年5月发行的个人第三张现场音乐会专辑《致敬》（*Tribute*）当中。此曲融入了包括竹笛在内的诸多中国音乐元素，是中国乐迷最喜爱的雅尼作品之一。关于《夜莺》，雅尼在接受采访时说，这首曲子的灵感来自他度假时听到一只小鸟在他窗前歌唱，鸟鸣声让他联想起了笛子的音律，是他为这只小鸟谱写曲子最合适的乐器。后来，雅尼乐团中的一位华裔演奏家为他演示了笛子，这首东方韵味十足的曲子就这样诞生了。

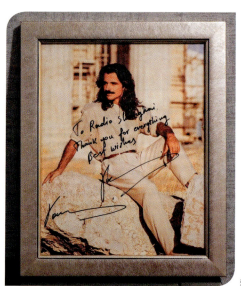

雅尼赠送给张明的签名照片

音乐剧 ■

2013年11月28日，在上海
新世界丽笙酒店采访迈克
尔·波尔，摄影：武鹏

迈克尔·波尔（Michael Ball）

　　身兼演员、歌手与主持人头衔的迈尔克·波尔是当今英国音乐剧舞台上绝对的大咖级人物。他1962年6月27日出生于英格兰伍斯特郡（Worcestershire）的布罗姆斯格罗夫（Bromsgrove），1985年首次亮相伦敦西区舞台就在首版《悲惨世界》（*Les Miserables*）中扮演贵族青年马里尤斯·朋莫赛（Marius Pontmercy）。1987年，他又在《剧院魅影》中扮演女主角克莉丝汀的男友劳尔（Raoul）；1989年，他因在百老汇音乐剧《爱情面面观》（*Aspects of Love*）中演唱了《爱改变一切》而收获了音乐生涯中第一首荣登英国单曲排行榜亚军的畅销金曲。

　　有着超凡歌唱天赋的迈克尔在1992年曾代表英国参加在欧洲极具影响力的"欧洲电视歌曲大奖赛"，最终以一曲《一步之差》（*One Step out of Time*）摘得亚军。1995年，在《悲惨世界》十周年纪念音乐会上，迈克尔再次饰演马里尤斯一角，他的演绎被公认为无法超越的经典。

　　作为两届英国戏剧节"劳伦斯·奥利弗最佳音乐剧男演员奖"和"大英帝国官佐勋章"得主，迈克尔·波尔在世界拥有众多歌迷。2013年，他应邀来到中国上海参加上海大剧院举办的《人民之歌——音乐剧巨星演唱会》。2019年2月，他联袂另一音乐剧大咖艾尔菲·波（Alfie Boe）再度出演《悲惨世界》并扮演其中的沙维一角。这样的音乐会在同年12月2日通过网络进行线上转播之后，创造了英国历史上收看人数最多的纪录。到了2021年，波尔重回音乐剧舞台，应邀在《发胶星梦》（Hairspray）全新版本中反串扮演女主角的妈妈，一个肥胖的家庭主妇埃迪娜（Edina）。

代表作品：《爱改变一切》（*Love Changes Everything*）

这首歌是迈克尔·波尔音乐生涯中的招牌歌曲，选自他主演的音乐剧《爱情面面观》（*Aspects of Love*）。歌曲由音乐剧大师安德鲁·劳埃德·韦伯与查尔斯·哈特（Charles Hart）、唐·布莱克（Don Black）共同创作，出现在男主人公阿列克斯向一位法国女演员罗斯（Rose）表白的场景之下。

张明独家推荐

《一步之差》（*One Step of Time*）

与迈克尔·波尔演绎的音乐剧插曲不同，这是一首中速版的纯流行歌曲，也是他代表英国参加"欧洲电视歌曲大奖赛"时的获奖曲目。歌曲刻画了一个不愿承认爱情失败、希望感情再次出现转机的男子形象。迈克尔已经有过数年伦敦西区音乐剧演唱的经验，对于此类流行作品还是驾轻就熟的。该曲也是他演绎过的众多畅销金曲中比较特别的一首。

2018年10月26日，在上海建投书局主持音乐剧《摇滚莫扎特》粉丝见面会（图中右二为洛杭·班），摄影：有贺萍萍

洛杭·班（Laurent Bàn）

　　拥有磁性低音嗓的法国音乐剧演员兼流行歌手洛杭·班被中国乐迷亲切地称为"老航班"。他1970年4月3日出生于法国东北部城市布里埃（Briey）。少年时代的他性格内向，非常喜欢画画和平面设计。一次偶然的机会，他参加了音乐剧《星幻》（Starmania）的演出，其歌唱才华被剧院经理发现，很快被招致麾下，洛杭·班的事业中心也从绘画转向了歌唱。

　　作为一名活跃于音乐剧舞台的艺人，他先是在南希国家戏剧艺术学院求学，随后奔赴包括意大利、加拿大以及美国在内的国家学习。为了提升自己舞台表演的水准，他学过现代舞、弗拉明戈舞和击剑。1999年起，"老航班"开始全面投身音乐剧表演，先后参加了《一只英国猫的苦恼》（Peines De Coeur D'une Chatte Anglaise）、《基督山伯爵》、《长发》（Hair）、《巴黎圣母院》、《小王子》、《佐罗》等剧目的演出。

　　2007年，洛杭·班第一次与中国上海结缘，参与《小王子》的复排，他扮演的主人公飞行员开始受到观众的注意。2016年，他应邀加盟法国音乐剧《摇滚莫扎特》的演出，并扮演乐师安东尼奥·萨列里。为此他还专门录制了自己的唱段。在剧迷中得到良好反响。2018年1月，洛杭再次加盟"法扎"剧组，在此次中国巡演中，他在不同卡司中分别扮演莫扎特父亲和乐师萨列里两个角色，凭借着自己浑厚的嗓音、不俗的演技和唱功，赢得了大量粉丝的追捧。

除了音乐剧以外，洛杭·班还以歌手身份灌录过不少唱片。出于对中国文化的热爱，他还尝试用普通话录制中文EP专辑，其中2018年的《给我一个吻》《月亮代表我的心》都已成为他个人音乐会的保留曲目。

代表作品：《一个忧郁者的救赎》（*SOS D'un Terrien En Detresse*）

这首歌选自2005年洛杭·班出版的首张个人专辑《赌注》（*Ante*），同时也选自二十世纪七十年代法国国宝级音乐剧《星幻》（*Starmania*）。由于该剧特有的摇滚色彩，其中的插曲，特别是这首《一个忧郁者的救赎》对演员的唱功是一次考验。尽管如此，有着超凡演唱实力的"老航班"在此曲中将自身的特点发挥得如火纯情，有一种摧金断玉的锋利感。我特别欣赏他切换自如的真假声变化，每次欣赏都是一种享受！

张明独家推荐

《给我一个吻》（*Seven Lonely Days*）

因为在中国的乐迷越来越多，为了进一步拓展市场，有着语言天分的"老航班"录制了自己的一张中文EP专辑，这首改编自1953年的英文歌曲《七个孤独的日子》（*Seven Lonely Days*）的《给我一个吻》就是其中之一。跳跃奔放的舞曲节奏和相对简单的器乐配置将"老航班"充满磁性的靓嗓展示无疑。歌曲结尾部分还不忘来一段绕梁假声，是我迄今为止听到的最有特色的翻唱版本之一。

2018年10月26日，与歌手"老航班"在上海建投书局的法语音乐剧《摇滚莫扎特》粉丝见面会上

2015年9月5日，在上海红坊主持《极致百老汇》粉丝见面会，右一为丽娅·琼斯

丽娅·琼斯（Ria Jones）

　　丽娅·琼斯（Ria Jones）来自英国南威尔士的斯旺西（Swansea）。十九岁时，她成为音乐剧史上扮演贝隆夫人最年轻的演员。随后，她有幸参与伦敦西区音乐剧《象棋》（Chess）的首演，同时扮演剧中的两位女主角斯威特拉娜和弗洛伦斯。在新伦敦剧院的两年时间里，她还担纲了经典音乐剧《猫》中的"格里泽贝拉猫"（Grizabella）这一重要角色。此外，她还分别在《悲惨世界》和《约瑟夫和他的神奇彩衣》中扮演芳汀和说书人的角色。

　　就表演而言，丽娅的可塑性非常强。她扮演的角色类型非常多元，是伦敦西区各大剧院最活跃的女演员之一。2006年，她因在音乐剧《万事成空》（Anything Goes）全国巡演中的出色表演荣获"TMA音乐奖最佳音乐剧女演员奖"提名。

　　除了舞台表演之外，丽娅还经常在法国、比利时、南非、新加坡等世界各个国家举办个人音乐会。丽娅出演过的剧目非常多，多年积累的曲目使她有足够的底气与一些名闻遐迩的管弦乐团进行合作，其足迹更是踏遍各大知名音乐厅。除了参与英国广播公司BBC的广播节目之外，丽娅还拥有自己主持的电视节目。

　　2011年、2012年和2015年，丽娅应邀访问上海，参加中国上海国际艺术节、文化广场开幕大戏《极致百老汇》的演出。在舞台上，她凭借自己精湛绝伦的唱功备受圈内外好评。

代表作品：《我曾有一个梦想》（*I Dreamed A Dream*）

此曲为经典音乐剧《悲惨世界》中芳汀这一主要角色的精彩唱段。丽娅因在此剧曼彻斯特卡站巡演中扮演芳汀而灌录了这首热门歌曲。她真是无愧于伦敦西区的资深演员，无论是发音吐字、气息控制还是对角色的驾驭都娴熟自如，堪称完美。

张明独家推荐

《叫小丑进来》（*Send in the Clown*）

该首歌是美国音乐剧大宗师斯蒂芬·桑德海姆（Stephen Sondheim）的代表作，出自1974年的百老汇音乐剧《小夜曲》（*A Little Night Music*），其旋律优美的作品带有浓浓的缅怀往事之色彩，令人叹息与伤感的歌词透过丽娅·琼斯质感的声音直逼听众内心。与美国著名歌手芭芭拉·史翠珊所演绎的版本相比，丽娅·琼斯的演唱更具有舞台感和角色感。

2015年9月5日，与《极致百老汇》两位大咖丽娅·琼斯以及玛特·洛雷（Matt Rawle）合影

2016年10月26日，在上海
文化广场主持乌多·库帕什粉
丝见面会，摄影：上海文化
广场

乌多·库帕什（Oedo Kuipers）

生于1989年11月11日的乌多·库帕什是一位来自荷兰的著名歌手兼音乐剧演员。他的从艺经历要追溯到他早年参与的电视选秀节目《寻找约瑟夫》（*Op Zoek Naar Joseph*）了。在这个节目中，他得到了众多荷兰艺术家的指导。

2009年到2013年，他在著名的蒂尔堡音乐剧进修学院接受职业培训，当时传授他歌唱的有爱德华·霍普尔曼（Edward Hoepelman）和英格丽·齐格斯（Ingrid Zeegers）两位老师，而表演、舞蹈则由罗兰·佛斯（Roeland Vos）、安德烈·德戎（Andre De Jong）负责。培训期间，他还参加了科恩·范·迪克（Koen Van Dijk）、保罗·阿内斯（Paul Eenes）、弗里克巴特尔（Freek Bartels）等人举办的艺术家进修班。

2016年底至2017年初，乌多幸运地成了德语版音乐剧《莫扎特》中莫扎特的扮演者。就像众多德国艺人一样，他极为刻苦，注重细节，善于挖掘和揣摩人物心理。2016年年底，该剧一来到上海就急速圈粉。

除了《莫扎特》之外，高大帅气的乌多始终活跃在音乐剧舞台，参演过的剧目包括《罗密欧与朱丽叶》《剧院魅影》以及《西贡小姐》等。

代表作品:《我是，我就是音乐》（*Ich Bin,Ich Bin Musik*）

这是西尔维斯特·勒维（Sylvester Levay）担纲作曲的德语音乐剧《莫扎特》中非常精彩的一首插曲，乌多干净明亮的音色给听者留下了深刻的印象。剧中由他扮演的白衣少年莫扎特活力满满地高唱此曲，足以彰显这位年少成名的音乐家那种与生俱来的自信满满。乌多极有分寸感的演绎再一次让听者感慨德奥剧独有的那种阴暗之下却依然蓬勃而出的旺盛生命力。

张明独家推荐

《牢记你》（*Fix You*）

此曲选自2018年乌多发行的翻唱专辑《纯粹》（*Pure*），原唱来自酷玩乐队2005年的专辑《X&Y》中的同名歌曲，乌多选择这首作品翻唱更能体现出他纯净音色的优势。与原曲追求的电音摇滚有所不同，此版本在编曲上注重钢琴与人声的融合，虽然没有乐队编制的版本那么声势浩大，却给人以行走在阳光下、树荫里的感觉，轻松又温暖。多才多艺的乌多演绎的流行曲虽然没有音乐剧插曲那么震撼，但给人带来心灵治愈的感受。

2016年10月26日，在主持歌迷见面会前与乌多·库帕什合影，摄影：上海文化广场

2018年4月29日，在上海文化广场主持"小米"粉丝见面会，摄影：徐晓臻

米开朗基罗·勒孔特（Mikelangelo Loconte）

生于1973年12月5日的米开朗基罗·勒孔特在中国被众多粉丝亲切地称为"小米"。虽然是一位意大利裔歌手、作曲人、演员兼艺术指导，但他却一直活跃在法国的音乐剧舞台。你很难想象在其音乐生涯早期，因为不会说法语，他竟然采用语音拼写完成了歌曲的录制。

2001年，"小米"因出演克劳德·巴索蒂（Claude Bazzoti）的音乐剧《新流浪者》（*Les Nouveaux Nomades*）开始崭露头角。2001年到2008年，他被比利时星探艾力克·曼逊（Alec Mansion）挖掘之后，迅速展开了其演唱生涯，除了擅长演奏各种乐器，还热衷于为歌手编曲。

2009年到2011年7月，"小米"迎来了其演艺生涯最重要的转折点。他凭借自己在法语音乐剧《摇滚莫扎特》中成功扮演莫扎特而一举成名，剧中的插曲《纹我》作为他录制的第一首单曲占据了法国流行歌曲排行榜的第一位。之后，随着该剧在全球的知名度越来越高，小米马不停蹄地参与了该剧在韩国以及中国上海、台湾地区的一系列巡演，收获了大量的粉丝。除了歌手本职以外，"小米"还担任了法国防盲组织的形象大使，为讲法语的发展中国家对抗这一疾病贡献力量。

代表作品：《纹我》（*Tatoue-Moi*）

这是"小米"为《摇滚莫扎特》录制的第一首单曲，剧中由他扮演的莫扎特为了遵从父亲的旨意来到巴黎。初来乍到，他便用这首《纹我》表达了他对于这座城市的爱，以及希望自己的作品获得认可的渴求。此曲的开头有着钢琴小品的特色，收尾却在犹如"皇后"乐队一般的摇滚呐喊中结束，是很有特色的一首作品。论唱功，"小米"或许不算最好的，但其演绎歌曲时的那种投入和煽情却非一般音乐剧演员可以比肩。

张明独家推荐

《在玫瑰上沉睡》（*Je Dors Sur Des Roses*）

这是《摇滚莫扎特》中由莫扎特演绎的一首抒情曲。接连经历母亲去世、爱人背叛的莫扎特感到极度的孤独与无助，这首作品展现了他是如何渐渐摆脱这一连串打击带来的巨大痛苦，选择不向命运屈服，坚守自己的抱负的。"小米"不愧是一位优秀的音乐剧演员，对人物的把控精准到位，深情、富有感染力的演唱令听者动容。

2018年10月26日，在音乐剧《摇滚莫扎特》粉丝见面会上与小米（前排左四，手持话筒）团队以及众多粉丝合影

2018 年 4 月 29 日，在上海文化广场大堂主持弗洛杭莫特与小米见面会后三人合照，右一为弗洛杭摄影：徐晓臻

弗洛杭 · 莫特（Florent Mothe）

生于 1981 年 5 月 13 日的弗洛杭 · 莫特是一位来自法国的歌手、演员和音乐家。他最为大家所熟知的角色就是在音乐剧《摇滚莫扎特》中扮演的宫廷乐长安东尼奥 · 萨列里。

弗洛杭 · 莫特七岁开始学习音乐。尽管是个多面手，长笛、钢琴、贝司、合成器、吉他样样都会，但他最感兴趣的还是唱歌。1996 年，他组建了自己的第一支乐队"遗失的微笑"（Lost Smile）。在维持了六年之后，他又和自己的第二支乐队"通灵板"（Ouija）在巨石餐厅演出。他经常在社交网站 Myspace 上传自己的演出视频和录音，此举引起了音乐剧《摇滚莫扎特》制作人的注意。很快，他便受邀加盟了演出阵容。

2010 年，他在"法国格莱美"NRJ 音乐奖角逐中被授予"法语年度发现奖"。2013 年，弗洛杭 · 莫特发行了自己的首张专辑，第一首单曲叫《我并不知情》（Je Ne Sais Pas）。2015 年，他参与了音乐剧《亚瑟王传奇》的演出，扮演男一号亚瑟王。

2018 年，当法语音乐剧《摇滚莫扎特》被引进至中国内地并登陆上海文化广场时，由弗洛杭 · 莫特扮演的萨列里大受乐迷的欢迎，其精湛的演技与爱扮酷的台风顷刻间让他圈粉无数，人气直逼莫扎特的扮演者"小米"（米开朗基罗 · 勒孔特）。2019

年，他和"小米"联手在中国举办了演唱会巡演，依旧人气爆棚。

代表作品：《杀人交响曲》（*L'assasymphonie*）

此曲是法语音乐剧《摇滚莫扎特》中宫廷乐长萨列里最著名的唱段之一。鉴于弗洛杭·莫特扮演的这个反派人物是众多版本中最受乐迷推崇的，他的演唱自然值得推荐，作为范本收录在该音乐剧的同名原声专辑中。

在这首歌曲中，萨列里吼出了对莫扎特才华的疯狂嫉妒，这种病态、恨到极致的妒意几乎将后者置于死地，看来天才之间的情感不是常人能够理解的。这样的内心冲突和矛盾透过弗洛杭·莫特拿捏得当、令人血脉偾张的演绎被表达得淋漓尽致，也符合这部音乐剧"摇滚"上的定位。

张明独家推荐

《纵情生活》（*Vivre A En Crever*）

这首主流摇滚风格的歌曲出自音乐剧《摇滚莫扎特》中"小米"扮演的莫扎特与弗洛杭·莫特扮演的萨列里之间的一段对唱。录音分电声与非电声两个版本，前者出于配合剧中人物的需要，将两位盖世音乐家爱恨交织的微妙情感进行了充分的诠释，后者则更像是两位歌手之间合作一首纯流行歌曲。必须承认，法语音乐剧的唱段在创作上几乎更倾向于纯流行歌曲的写作模式，这是它区别于伦敦西区和百老汇音乐剧的最大特点。

2018年4月29日，在上海文化广场大堂主持弗洛杭莫特与小米见面会与歌迷互动，摄影：徐晓臻

2018年7月27日，在上海大剧院主持音乐剧《猫》特别回忆专场红毯仪式，摄影：有贺萍萍

特雷弗·纳恩（Trevor Nunn）

作为音乐剧《猫》经典插曲《回忆》的词作者、"音乐剧大师"安德鲁·劳埃德·韦伯的亲密合作伙伴，特雷弗·纳恩爵士绝对是当今英国戏剧界的领军人物。

特雷弗1940年1月14日出生于英国东部萨福克郡的一个城镇伊普斯威奇（Ipswich），因为从小遇见了一位善于启发和鼓励自己的英语老师，特雷弗对文学戏剧一直怀有浓厚兴趣。1962年在剑桥唐宁学院就读时，他就开始执导《麦克白》，随后获得了导演奖学金，成为考文垂贝尔格莱德剧院的见习总监。1964年，特雷弗正式加盟皇家莎士比亚剧团，1968年开始担任该剧团的艺术总监，之后一直工作到1986年。

在皇家莎士比亚剧团工作期间，他带领著名戏剧演员伊安·迈凯伦（Ian McKellen）和朱迪·丹奇（Judi Dench）排演了《麦克白》。在成为英国戏剧界的领军人物之后，除了为观众制作高质量的戏剧作品以外，特雷弗在音乐剧领域中也开始大展手脚，其中包括1981年执导的《猫》以及1985年联合执导英语版的《悲惨世界》，这两部作品在伦敦都长演不衰。在《猫》中，特雷弗展现了自己极其出色的创造力和调度能力。他把原著书中猫的零散故事串联起来，配合上舞蹈和道具，使每个演员都如同真正的猫一样，出其不意，灵活生动，让人叹为观止。

从1997年9月至2003年，特雷弗一直担任英国皇家国立剧院的艺术总监。在这之后，他依然年年都有佳作问世，像《窈窕淑女》、《南太平洋》（*South Pacific*）、《乞丐与荡妇》（*Porgy And Bess*）、《李尔王》等等。2018年7月，伴随着原版音乐剧《猫》在上海再度献演，特雷弗作为特邀嘉宾专程来到上海出席了首演典礼。2020年，纳恩准备执导根据影片《天生一对》（*The Parent Trap*）改编的全新音乐剧，但由于新冠疫情爆发，这项计划目前处于停滞状态。

代表作品：《回忆》（*Memory*）

《回忆》是音乐剧《猫》中最为成功的一首插曲，曾在1982年荣获"艾佛·诺维洛原创音乐大奖"（Ivor Novello Awards），伴随由剧中最为高潮的场景之一——"魅力猫"格里泽贝拉回忆自己昔日的荣耀而出现。面对如今的窘迫末路、遭人唾弃，老猫再次唱起了这首歌，那份心酸令听者唏嘘不已，最终平息了所有猫儿对她的敌意，唤起了对她的深深同情和怜悯。学生时代的特雷弗既读过作家艾略特（T.S. Eliot）的诗，有为成年人创作的诗，也有为儿童创作的诗，因此特雷弗早期创作的作品几乎都和艾略特的诗有关，可以说是用诗集中的短句拼拼凑凑成就了这首旷世名曲。如今，《回忆》已经成为众多音乐剧演员的保留曲目。

2008年12月8日，在伊莲·佩吉唱谈会开场前沟通

伊莲·佩吉（Elaine Paige）

　　早在1964年就登台演出的英国著名女演员兼歌手伊莲·佩吉出生于赫特福德郡的巴尼特（Barnet），素有"音乐剧第一夫人"之美誉。1978年，她非常幸运地被音乐剧大师安德鲁·劳埃德·韦伯先生选中担任首版音乐剧《贝隆夫人》中的女主角，其精彩的表演引起广泛关注，并由此获得劳伦斯·奥利弗奖的肯定。随后，她又因出演音乐剧《猫》并扮演格里泽贝拉而赢得国际知名度，她演唱的插曲《回忆》一度打进英国排行榜前十名。1985年，伊莲·佩吉和女歌手芭芭拉·迪克森（Barbra Dickson）合作为英语剧《象棋》联袂演唱的插曲《我如此了解他》成了流行乐史上最为畅销的女声对唱歌曲。

　　在伦敦西区获得巨大成功之后，伊莲·佩吉在二十世纪九十年代中期又开始进军百老汇。1996年，她在《日落大道》（Sunset Boulevard）中出演女主角诺玛·黛斯蒙德。2000年至2001年，她又在《国王与我》（The King and I）中有着不俗表现。六年之后，她重回伦敦西区，同时开始涉足电视领域。2008年12月8日，伊莲在上海大舞台举办个人演唱会，受到观众热烈欢迎。

　　作为一名歌艺出众、长期活跃在音乐剧舞台上的老牌艺人，伊莲·佩吉共发行了二十二张个人演唱专辑,有着拥有连续八张专辑荣膺金唱片和四张多白金唱片的傲人纪录。2014年,伊莲·佩吉迎来了自己从艺五十周年,她在自己的官方网站上发布了举办告别演出的消息,同时还推出了一张具有纪念意义的专辑《最佳精选》。

代表作品:《回忆》(*Memory*)

这首歌是韦伯音乐剧《猫》中最为出名的一首歌曲。虽然历史上有过很多成功的版本,但伊莲·佩吉才是真正意义上的原唱。作为首版格里泽贝拉猫的扮演者,她对角色精准到位的把握令她的版本最接近韦伯先生的本意。

这首感人至深的抒情歌曲讲述了格里泽贝拉猫曾经拥有的光彩照人以及如今邋遢不堪、遭人唾弃的悲惨境遇。伴着伊莲·佩吉柔美而略带凄凉、如泣如诉的声音,老猫打动了所有猫,最终被选为可以升入天堂、再获重生。

在处理该曲时,伊莲·佩吉真可谓收放自如。轻吟低唱时,她的声音表现出甜美的特质,到了激情处时,她的歌声又变得宏大奔放。可以说,这位"音乐剧第一夫人"给《回忆》这首歌添加了沧桑与辛酸的感觉,使得音乐剧《猫》的思想深度获得大幅提升。

张明独家推荐

《我如此了解他》(*I Know Him so Well*)

这首由伊莲·佩吉与女歌手芭芭拉·迪克森对唱的歌曲选自音乐剧《象棋》,发行于1984年,由著名作词人蒂姆·莱斯(Tim Rice)与二十世纪七十年代闻名世界的瑞典国宝级组合ABBA乐队的两位男成员本尼·安德森(Benny Andersson)与比约恩·乌尔瓦斯(Bjorn Ulvaeus)共同创作。一年后,它在英国排行榜上获得了四周冠军的骄人成绩。和1987年惠特尼·休斯顿(Whitney Houston)与其母茜茜·休斯顿(Cissy Houston)更为激情、更具灵魂乐唱法的版本相比,伊莲·佩吉与芭芭拉的演唱更为收敛,注重音色的映衬和配合的到位。

2018年4月6日，在上海文化
广场与杰拉德·普莱斯居尔维
科合影，摄影：文二

杰拉德·普莱斯居尔维科（Gerard Presgurvic）

　　1953年6月24日出生于法国巴黎西部郊区布洛涅－比扬古（Boulogne-Billancourt）的作曲家杰拉德·普莱斯居尔维科是当之无愧的法国教父级作曲大师。他大学时主修电影，二十四岁那年，父亲送给他一架钢琴，一下子激发了他对音乐的喜爱。在纽约旅行期间，他遇见了法国年轻歌手帕特里克·布吕艾尔（Patrick Bruel），两人一见如故。回国后，他开始尝试作曲，在二十世纪八十年代创作过一系列热门歌曲，其中包括轰动一时、融入法式说唱风格的作品《人人只做自己开心的事》。

　　作为一位曾经和法国乐坛众多明星如伊尔莎（Elsa）、米雷依·马蒂厄（Mireille Mathieu）等合作过的作曲大咖，1998年他在妻子艾佛琳的提议下，投身于法语音乐剧《罗密欧与朱丽叶》的创作，他对戏剧与音乐两种艺术的热情被彻底激发，耗时两年成功完成了这出将流行曲风与法式舞台剧完美融合的音乐剧佳作，在音乐界引发巨大轰动。该剧中的两首插曲《世界之王》和《爱》都是当地排行榜上的热门歌曲，先后获得钻石唱片，为2001年1月19日该剧首演进行了完美造势。

　　继《罗密欧与朱丽叶》之后，杰拉德又投身音乐剧《乱世佳人》的音乐创作，剧中二十八首歌曲风格迥异，完全不受美国音乐的影响，全部出自作曲家自己对作品的理解。它们或慷慨激昂，或温柔浪漫，或性感挑逗，或圣洁纯真，每一首都把角色性格和故事氛围展现得淋漓尽致。

代表作品：《世界之王》（*Les Rois Du Monde*）

这是音乐剧《罗密欧与朱丽叶》中的主题曲。基于从事流行歌曲和电影配乐创作多年的缘故，这首歌在创作特点上与百老汇、伦敦西区的音乐剧有较大的差别。虽然剧情发生在十六世纪末，但整个音乐构架听起来却非常现代，和声的介入更让整首作品显得气势恢宏，再加上作曲家杰拉德素来善于捕捉旋律，《世界之王》顺理成章地成为整部音乐剧的灵魂所在。每次演出临近尾声，精彩的群舞配以如此气势非凡的主题乐，其煽情效果自然不言而喻。

代表作品：《爱》（*Aimer*）

这是杰拉德为《罗密欧与朱丽叶》谱写的一首男女对唱情歌。抒情浪漫的管弦乐配置、两位主人公扮演者达米安·萨格（Damien Sargue）和西西莉亚·卡拉（Cecilla Cara）深情投入的对唱，加上之后恢宏的和声加入，将这首情歌演绎得荡气回肠！

2018年4月6日，在上海文化广场采访杰拉德·普莱斯居尔维科（中），摄影：文二

在上海大剧院《人民之歌——
音乐剧巨星演唱会》现场与丽
娅·萨隆加合影

丽娅·萨隆加（Lea Salonga）

1971年2月22日出生于菲律宾马尼拉的丽娅·萨隆加无疑是当今音乐剧舞台上最具知名度的亚裔歌唱演员。早在1978年，年仅七岁的她就开始正式登台演出。在连续出演了《国王与我》（The King And I）和《安妮》（Annie）之后，她的天赋被越来越多的圈内人关注。

1981年，丽娅录制了自己的第一张专辑《微小的声音》（Small Voice），在国内一举夺得金唱片奖；1983年至1985年，她主持自己的电视节目，还涉足电影圈；1989年，在推出了自己的第二张专辑《丽娅》（Lea）后仅仅隔了一年，她又迎来了职业生涯最重要的转折点：被选中在伦敦首演的音乐剧《西贡小姐》中担纲女主角金，最终丽娅不负众望获得了劳伦斯·奥利弗奖。1991年，她在百老汇上演的《西贡小姐》中依然扮演女主角，这让她获得了很多演员一辈子都梦寐以求的包括托尼奖、剧评人奖、世界戏剧奖等在内的多个大奖的肯定。

除了《西贡小姐》以外，丽娅也是首位在音乐剧巨作《悲惨世界》中扮演爱波宁以及第三位扮演芳汀的亚洲人。1993年，她签约"大西洋"唱片公司，发行了首张同名专辑。在迪士尼推出的两部动画片《阿拉丁》和《花木兰》中，丽娅都担纲了两位公主的幕后配唱工作。

　　进入2000年以后，丽娅加盟了《菲律宾好声音》，担任声乐教练。为了纪念自己从艺三十五周年，她在2013年末举办了自己的个人演唱会，并出版了自传《从艺三十五年》。2019年，在洛杉矶举行的亚太电影节上，丽娅参与出演的音乐剧电影《黄色玫瑰》（*Yellow Rose*）进行了盛大的首映。同年，音乐剧《理发师陶德》在菲律宾和新加坡上演，丽娅的表演更是赢得广泛赞誉。2021年，她还在重新启动的电视剧集《美少女的谎言：原罪》（*Pretty Little Liars — Original Sin*）中扮演角色。

代表作品：《我坚信》（*I Still Believe*）

　　这是音乐剧《西贡小姐》中女主角金的一首精彩唱段。剧中，金为了坚守信仰，几乎忍受了不近人情的心理和道德折磨，但她却依然乐观，泰然地高唱："我坚信。"鉴于丽娅是首版金小姐的扮演者，这个版本备受乐迷青睐。透过此曲，我们可以窥探这位首个登上百老汇和伦敦西区舞台的亚裔明星的实力：宽阔的音域、清晰的咬字、真情实感以及她深厚的舞台表演功力以及对角色的悟性等。

张明独家推荐

《倒影》（*Reflection*）

　　该曲选自1998年迪士尼动画《花木兰》。一般乐迷可能比较熟悉美国歌星克里斯提娜·阿格莱拉（Christina Aguilera）流行唱法的版本，其实在电影中真正替花木兰演唱此曲的是丽娅·萨隆加。从某种意义上讲，丽娅的声线、气质与东方传说中的巾帼英雄更为接近，宽阔的音域和出众的音色技巧使丽娅当仁不让地成为亚裔音乐剧演员中的佼佼者，获得"迪士尼传奇人物"奖也是实至名归。

2017年11月16日，专访《罗密欧与朱丽叶》中罗密欧的扮演者达米安·萨格

达米安·萨格（Damien Sargue）

英俊潇洒的达米安·萨格是一位法国流行歌手，因主演音乐剧《罗密欧与朱丽叶》而被中国乐迷所熟悉。虽然儿时的他一直痴迷于空手道，但母亲却阴差阳错地为他报了声乐课程。1992年，达米安开始了歌唱生涯，十六岁时他参加音乐剧《巴黎圣母院》中雕塑师一角的应试，可惜这个角色最终被删，但他也因此意外获得扮演剧中人物菲比斯和格林果B角的机会。2001年，年仅二十岁的达米安有幸出演音乐剧《罗密欧与朱丽叶》中男一号角色，舞台上魅力十足的他一跃成为音乐剧领域备受关注的新星。

2004年，达米安为导演乔尔·舒梅切尔（Joel Schumacher）拍摄的电影《剧院魅影》中的主要人物劳尔（Raoul）担纲配音，随后他的第一张同名个人专辑正式发行。2010年，当全新版本的《罗密欧与朱丽叶》在巴黎上演时，达米安再度受邀在剧中扮演罗密欧，依然大获成功。

除了音乐剧，2013年，这位被中国乐迷亲切地称为"大米"的大帅哥加盟第四季法国知名综艺节目《与星共舞》（Danse Avec Les Stars），他潇洒的舞姿和出众的舞台形象进一步提升了他在欧洲的知名度。一年之后，他和小胡里奥·伊格莱西亚斯（Julio Iglesias）等人一起参与录制了《拉丁情人》（Latin Lovers）合集唱片。2018年，当《罗密欧与朱丽叶》举办亚洲巡演时，作为首版罗密欧的扮演者，达米安的再度回归成了此剧上演的最大卖点之一。

代表作品：《世界之王》（*Les Roi Du Monde*）

这首《世界之王》是选自音乐剧《罗密欧与朱丽叶》中的第二波主打单曲，2000年曾荣登法国和比利时流行歌曲排行榜冠军。此曲是达米安联袂菲利普·达维拉（Philippe D'Avilla）和格列高利·巴盖（Gregori Baquet）共同演唱的，由法国音乐剧作曲家杰拉德·普莱斯居尔维科创作。整首歌曲旋律流畅、朗朗上口，因为加入了大编制和声，显得气势恢宏。在音乐剧进入尾声时，这首歌经常作为返场曲，由剧中全体演员共同表演。

张明独家推荐

《爱》（*Aimer*）

和《世界之王》一样，这首《爱》同样脍炙人口，是剧中罗密欧与朱丽叶深情对唱的一首旷世情歌。和伦敦西区以及百老汇音乐剧插曲不同，法语音乐剧的歌曲创作更偏向流行性，乍一听就是一首纯粹的流行作品，不带有太多的舞台剧色彩。这或许就是杰拉德·普莱斯居尔维科的创作特色之一吧。

2018年8月10日，"大米"和"老航班"粉丝见面会合影，摄影：刘倩（聚橙）

2020年1月9日，"三魅影"
音乐剧明星演唱会 Blue Note
粉丝见面会合影，摄影：项琳
约翰·欧文·琼斯（右一）
厄尔·卡朋特（二排左二）
杰瑞米·赛康伯（一排右一）

"三魅影"组合（Three Phantoms）

这里的"三魅影"指的是由三位伦敦西区的音乐剧大咖组成的组合，由于三人都有过扮演"魅影"的经历，故组合名为"三魅影"。他们分别是来自威尔士卡马森郡的约翰·欧文·琼斯（John Owen Jones）、南安普顿的厄尔·卡朋特（Earl Carpenter）和三人中年龄最小的杰瑞米·塞康伯（Jeremy Secomb）。

1994年以表演学士毕业的约翰·欧文·琼斯是伦敦西区扮演《悲惨世界》男主人公冉·阿让最年轻的演员，当时他只有二十六岁。2001年，他接棒司各特·戴维斯（Scott Davies）出演《剧院魅影》中的"魅影"，从此一发不可收。到2005年的2月26日，离开这个角色之时，他扮演这个人物将近一千四百次，同时也是伦敦西区扮演这个人物时间最长的演员。除了有幸加盟纪念《悲惨世界》上演二十五周年的全球巡演之外，约翰还参加了《剧院魅影》二十五周年英国站的演出，他至今已经发行了六张个人专辑。

比约翰·欧文·琼斯年长将近一岁的厄尔·卡朋特主要以《悲惨世界》中的沙维警长和《剧院魅影》中的"魅影"两个角色而被观众熟悉。厄尔不仅是一名长期活跃于伦敦剧院和百老汇的资深演员，而且是一名优秀的音乐剧制作人，同时也是"三魅影"的发起人、创意总监及总导演。

出生于澳大利亚、后移居伦敦的杰瑞米·塞康2015年因在音乐剧《理发师陶德》中扮演男主角陶德开始崭露头角，之后因在音乐剧《悲惨世界》中扮演沙维警长一角广受好评。

2020年1月，由三位世界顶级音乐剧演员担任主唱的"'三魅影'音乐剧明星音乐会"完成了在中国的首秀。在全中国人们全力抗击新冠病毒之际，三位魅影巨匠还特别发来慰问视频，表达了对中国人民的支持和鼓励。

约翰·欧文·琼斯代表作品：《带他回家》（*Bring Him Home*）

这是经典音乐剧《悲惨世界》中男主人公冉·阿让祈求上帝拯救贵族青年马利尤斯性命并将他带回自己的养女阿赛特身边时的一段深情感人的唱段。根据法国作曲家兼制作人克劳德-米歇尔·勋伯格（Claude-Michel Schonberg）透露，这首曲子最初是为冉·阿让的首演者科尔姆·威金森（Colm Wikinson）量身打造的。尽管约翰是这一经典角色最年轻的扮演者，但他已在长期的实践中积累了宝贵的演唱经验，形成了自己独特的演唱风格。他的假声和气息控制堪称完美，特别是对人物心理的把握十分精准，整首曲子听来催人泪下。

"三魅影"代表作品：《针锋相对》（*The Confrontation*）

这首《针锋相对》依然出自音乐剧《悲惨世界》，是剧中男主人公冉·阿让与沙维警长针锋相对时的唱段，非常具有剧情张力和人物冲突感。作为两位资深的音乐剧演员，无论是约翰·欧文·琼斯扮演的冉·阿让还是厄尔·卡朋特（Earl Carpenters）扮演的沙维警长，除了精湛的演绎外，给我印象更为深刻的是他们通过对声音、气息掌控以及带有台词感的演绎方法，将剧中人物个性精准地展现出来。仔细听，两人的配合在提升声音标识度上能力超凡，让人听后不由赞叹：音乐剧不愧是一门集歌唱、舞蹈、戏剧于一炉的综合艺术！

后　记

　　将电波落于纸面，为自己近三十年的广播生涯做一个回顾其实是很早就有的念头。平日过往中总是有意无意地为自己的这个目标做准备，无奈一旦工作节奏加快，要逼迫自己静下心来，去好好地梳理过去，总有点力不从心，于是时间一点点地过去，创作的进程总是断断续续……这里真的要感谢出版社，感谢身边的几位好友，要不是他们的激励、充满善意的"敲打"，书籍的完稿可能依旧遥遥无期。

　　出乎我的意料，《明·星面对面》从我开始动笔到最终完成大约耗费了两年零四个月。要是碰到一个码字够快的写作高手，估计一本长篇小说都可以完工了，而对于头一回著书的我而言，除了一些客观原因以外，整个酝酿的过程因不断有新的想法，自然耗费了不少时间。

　　考虑到当下主持人著书立说早已司空见惯，下笔之前，我和策划团队、出版社达成共识，力求将"广播人"的特色发扬光大。于是书中罗列的一百二十位艺术家，除了配上了笔者对其生平、作品颇具个性化的文字描述之外，还专门制作了同等数量的数字音频。之所以要耗费如此心血找那些尘封已久的访谈录音并结合本人的亲口陈述，其用意不言自明，无非是想为每一位读者真实还原现场，从中勾勒出一个更为具体、生动、活灵活现的访谈对象，以求得不同于以往的阅读体验。

　　从事音乐广播这些年来，我被问及最多的恐怕要数自己对职业的那份从未泯灭的热爱究竟从何而来。其实归根结底还是印证了我极度认可的那句话——"兴趣是最好的老师"。长期的工作实践告诉我，音乐广播DJ除了可以独享躲在话筒背后的那份神秘、体验播歌的乐趣、为听众带来心灵的抚慰甚至用音乐来表达你想要的任何状态以外，最吸引我的还是"以乐会友"。或许是因为职业的特殊性，我在工作中结交了很多优秀的音乐家和歌手，与他们的面对面交流大大提升了我对音乐作品的认知。而当你从事的职业变成每时每刻在电波中将这种认知进行及时消化，且以最快速度、最富感染力的声音和语言传递给听者的时候，这份成就感是无法言喻的。而如今《明·星面对面——与张明聊音乐大咖》一书的问世从某种意义上实现了我想让身边更多的人分享我多年来交流成果的一大心愿。

作为一本将传统的照片、文字与数字时代下的音频文件相结合的访谈录，《明·星面对面》与同类书籍另一个不同还在于它的纯粹性。书中提及的一百二十位艺术家清一色地来自音乐行业，其涉足的领域横跨流行、古典、爵士、音乐剧等各个门类，来自不同国家的他们几乎见证了风起云涌下的世界乐坛各个不同的发展阶段。更难能可贵的是，伴随着时间的推进，他们当中有的早已功成名就，铸就一生的传奇；有的如日中天，继续在乐坛施展才华；有的早已消失在大众视线之外，从此告别江湖；也有的不幸英年早逝，一切美好已成过去。但无论命运如何辗转，这些知名艺人跌宕起伏的人生，尤其是他们留下的作品，都是真和美的化身。回过头来，这本书与其说是在讲述我与这些艺术家之间的心灵交往，不如说是在用文字和声音传递一种人生的真谛和信念！

书的最后，我特想用几个"感谢"来归纳我的所思所想。

首先，要感谢这个时代：作为一名亲身经历改革开放、见证音乐广播黄金年代的过来人，二十世纪八九十年代那段激情燃烧的岁月在我们这一代人内心产生的撞击是如今很多年轻人所无法体会的。从最初的调频立体声广播的出现，到自产卡式音乐磁带的发行，从1987年内地第一本专业音乐杂志《音像世界》的诞生到1992年上海广播体制的重大改革……时势成就机遇，就在那个特定的年代，我也迅速完成了从一个普通的歌迷到业余撰稿人最后成长为一名电台音乐主播的蜕变。如今一转眼就快三十年，蓦然回首，心中无比感慨！此刻我依然忘不了1993年5月的一天，刚刚入行的我心怀志忑，跟随时任上海电台文艺台的资深编辑付启人老师一起采访来沪演出的西班牙著名歌星胡里奥·伊格莱西亚斯（Julio Iglesias）的情景。那是我广播生涯第一次与世界级艺术家近距离交流，那段兴奋、紧张互为交织的经历也在无形中点燃了我对DJ这份职业在未来旷日持久的激情。

其次，要感谢我生活的这座城市：细心的读者会发现在本书大体量的访谈中，国际艺人占据绝大多数，这样的编排除了源于我在相当长的一段时间主持与欧美音乐相关的广播节目和线下活动之外，更多的还是基于上海这座城市自身海纳百川的气质。众所众知，自1985年英国的威猛乐队（Wham！）首度造访中国、吹响了欧美流行歌手访华巡演的号角之后，上海始终以其兼收并蓄的海派文化底蕴，尤其是它健康良好的文化消费环境以及民众对于外来文化的超强接受度，成为艺术大咖们首选的城市。不知大家是否还记得2013年，我们这里曾有过一个月十几、二十路大牌艺人云集的盛况？当世界各地的音乐家、歌手正在越来越多地把上海纳入他们定期巡演的计划时，身为广播人，与这些音乐圈的大咖近距离接触、交流也就不再变得遥不可及。我想此书的问世算是一个绝好的缩影，因为它多多少少地折射出改革开放至今我所居住的这座城市在坚持文化自信、增进中外交流中所取得的瞩目成就。

再次，要感谢我从事的这份职业：对于1993年踏入广播圈、2003年成为专职音乐电台主播的我而言，我时常感恩自己能赶上音乐广播最辉煌、实体唱片最黄金、中国演出市场最红火的那个年代，或许正应了天时地利人和，在那样的大环境下，像我这样处于工作一线的音乐广播人几乎从不缺乏与国内乃至世界各地优秀音乐人近距离交流的机会。曾几何时，艺人上通告、召开媒体发布会、私底下约个独家专访都是我们这个行业惯有的"动作"，跟如今连续数月不见一位艺人空降的落寞场景形成了鲜明的反差。

最后，特别感谢高界文化的有贺萍萍女士、陈跃先生、吴平女士以及出版社责任编辑胡越菲女士对此书出版提供的全方位协助。

感谢我的好友、资深前辈、媒体人徐冰先生百忙之中为本书作序。

感谢现任上海流行音乐学会名誉会长、国家一级作曲家、指挥家屠巴海老先生，著名钢琴家孔祥东先生以及中国新艺术音乐歌者龚琳娜女士参与此书的推荐。

感谢MUSINESS版权音乐CEO童小言、资深音乐制作人兼首席音乐官吴健成、音乐制作人黄逸瑄为本书提供的精彩音频。

感谢好友姚静渝、来自艺匠摄影 Artiz 的 GD、电台同事金少愚分别在文字翻译、封面摄影、录音资料等环节提供的帮助。

还要感谢参与书中涉及的所有音乐人以及参与照片摄影的各位圈中好友、相关工作人员。

感谢上海东方广播中心，感谢我的每一位听友、每一位读者，你们才是成就此书的最大动力。

——谨以此书向所有和我一样，工作在音乐广播第一线的媒体人致敬!

张 明

2022 年 4 月 4 日于上海家中

图书在版编目（CIP）数据

明·星 面对面——听电台主播张明聊音乐大咖 / 张明著.
－上海：上海音乐出版社，2022.8
ISBN 978-7-5523-2365-8

Ⅰ. 明…　Ⅱ. 张…　Ⅲ. 音乐工作者－访问记－世界－现代
Ⅳ. K815.75

中国版本图书馆 CIP 数据核字（2022）第 029361 号

书　　　名：明·星 面对面——听电台主播张明聊音乐大咖
著　　　者：张　明

出 品 人：费维耀
责任编辑：胡越菲
音像编辑：胡越菲
责任校对：顾韫玉
整体设计：翟晓峰
印务总监：李霄云

出版：上海世纪出版集团　上海市闵行区号景路 159 弄　201101
　　　上海音乐出版社　上海市闵行区号景路 159 弄 A 座 6F　201101
网址：www.ewen.co
　　　www.smph.cn
发行：上海音乐出版社
印订：上海丽佳制版印刷有限公司
开本：700×1000　1/16　印张：16.25　图、文：260 面
2022 年 8 月第 1 版　2022 年 8 月第 1 次印刷
ISBN 978-7-5523-2365-8/J·2175
定价：158.00 元
读者服务热线：(021) 53201888　印装质量热线：(021) 64310542
反盗版热线：(021) 64734302　(021) 53203663
郑重声明：版权所有　翻印必究